基本スポーツマネジメント

BASIC SPORT MANAGEMENT

畑 攻・小野里 真弓 編著

大修館書店

まえがき

　スポーツマネジメントの世界へようこそ！

　この「スポーツマネジメント」は、最近はよくテレビなどでも耳にする言葉であり、雑誌などでもみかける言葉かもしれません。この言葉や活動の中身は、多くの人にとっては、「人々の健康のためにスポーツを推進する」とか、「スポーツをより面白く、より楽しくするために演出をする」とか、あるいは「スポーツでビジネスを展開する」などのように、ある程度のイメージを描くことができるかもしれません。しかしながら、一方では、その実際や詳細については、ややわかりにくい部分も少なくないと思われます。

　長年この分野に専門的に携わってきた私たちですが、様々に変化をする状況やその広大な対象の各部分に接したときに、実は迷うことがないわけではありません。本書では、そのような「スポーツマネジメント」の最も基本的な部分をなるべくシンプルに整理をし、わかりやすくまとめておきたいと思っています。

●

　私たちは、長年にわたり多くの大学院や大学において、院生や学生諸君と「スポーツマネジメント」のキャッチボールをしてきました。また、多くのスポーツクラブの役員の皆さんやスタッフの方々や、プロ野球やJリーグの各球団・チーム、Wリーグ、大相撲の関係者の方々にも調査研究の場を提供していただき、分析資料を囲んで実に様々なディスカッションをしていただきました。さらに、これまでの多くの大学院生とともに、日本体育学会をはじめNASSM（北米スポーツマネジメント学会）、日本スポーツ産業学会、日本体育スポーツ経営学会などの主要な学会の数多くの発表の場で、幸いにも実に多くの人々との前向きな意見交換をさせていただきました。最近では、私たちの何人かは文部科学省や独立行政法人教職員支援機構、日本学校保健会などでの多くの仕事を手伝わせていただくことになり、全国の体育や保健の先生方や指導主事の先生方と交流をさせていただく機会に恵まれました。その貴重な経験を活用して、私たちの「スポーツマネジメント」をなるべくきちんと、そしてわかりやすく整理をしてみようと思いはじめたのでした。

●

　この「基本・スポーツマネジメント」は編集部の方々との第1回目の話し合いの席で、すんなりとタイトルを決定していただきました。私たちの企画の趣旨をストレートに共有していただいたのでした。しかしながら、執筆はやや難航をしたのも事実です。「わかりやすく」ということは重要なテーマなのですが、その一方で本書の特徴でもある、私たちならではのスポーツマネジメントの「理論と情報や知識の新たな体系」や、私たちならではの協働による「温かさ」を盛り込むことの難しさなのでした。

●

今、完成した本書を手にし、執筆者全員の充実感と安ど感は、言い知れぬものとなっています。しかしながら、私たちが本書の執筆を分担し、試みた「新たな体系」は、まだその一歩を進めたばかりでもあります。本書を手掛かりにして、新たな議論が生まれ、よりわかりやすく、さらに役に立つスポーツマネジメントに向かいはじめることを期待します。

　まずは、本書を手にしていただいたみなさんに感謝を申し上げます。スポーツマネジメントの広さと奥深さを感じていただいたことと思います。ありがとうございました。

　また、当初の企画の段階から執筆中での温かい励ましと、編集時には常に適切なアドバイスをしてくださったこの人がいなければ、本書は実現しませんでした。大修館書店編集第三部の久保友人氏に心から感謝を申し上げる次第であります。

2017年6月20日

編著者代表　　　畑　　攻

小野里　真弓

目　次

まえがき…… ⅲ

第1章　スポーツマネジメントの基本視点

1. スポーツマネジメントがめざすもの …… 2

「スポーツ」と「マネジメント」…… 2
「スポーツのマネジメント」と「スポーツによるマネジメント」…… 3
スポーツマネジメントの目標と特性 …… 4　　スポーツマネジメントの目標の連動性 …… 5

2. スポーツマネジメントの方法 …… 6

スポーツマネジメントの使命と各業務 …… 6　　スポーツマネジメントの発展的な要因 …… 8
スポーツマネジメントの多様性と統合化 …… 9　　スポーツマネジメントの情報と知識の階層 …… 9
スポーツマネジメントのプロセス …… 10　　立体構造体としてのスポーツマネジメント …… 11

第2章　マネジメントの基本理論（コンセプチュアルレベル）

1. マネジメント組織の理念 …… 14

マネジメントの父「ドラッカー」…… 14　　ドラッカーの著書 …… 14
『もしドラ』とドラッカー …… 16　　「大学運動部」とドラッカー …… 17

2. マネジメントと製品論 …… 18

「製品（プロダクト）」の一般的な考え方 …… 18
「製品（プロダクト）」の基本構造：3次元から5次元へ …… 18　　製品論によるマネジメント …… 20

3. 組織における人間観（クールアプローチからウォームアプローチ）…… 22

基本的なマネジメント理論の学説の変遷 …… 22
人間観の重要性：クールアプローチからウォームアプローチへ …… 22
ウォームアプローチからモチベーション論へ …… 24　　スポーツ組織・集団と人間観 …… 25

4. マネジメントと組織論 …… 26

組織の階層とスキル …… 26　　組織におけるリーダーシップ論 …… 27
組織の存続と成長 …… 29

5. マネジメントとマーケティング論 …… 30

マーケティングの基本的な仕組み …… 30　　マーケティングミックス …… 32
マーケットセグメンテーション …… 33　　マーケティング戦略 …… 34
マーケティングのための組織観 …… 36

第3章 マネジメント理論とスポーツマネジメント （アクチュアルレベル）

1．スポーツプロダクト 40

Mullinのスポーツプロダクト論 .... 40　　するスポーツ（楽しさ）の中核ベネフィット 41
スポーツサービスとスポーツベネフィット .... 43　　スポーツプロデュースの3段階 44

2．スポーツ事業論と運動生活

①スポーツ事業論（C.S.、P.S.、A.S.） 46

運動の成立条件としてのスポーツ事業 46
施設用具の条件とエリアサービス（Area Service; A.S.） 46
運動の仲間とクラブサービス（Club Service; C.S.） 47
運動の内容・方法とプログラムサービス（Program Service; P.S.） 48
スポーツ事業とマネジメント 48

②運動生活 50

運動生活の類型的把握 .... 50　　運動生活の階層的把握 .... 50　　運動生活とマネジメント 50

③各スポーツ事業の特色とマネジメント 52

地域活性化と総合型地域スポーツクラブ .... 52　　スポーツ教室やスポーツレッスン 53
社会文化事業としてのスポーツイベント .... 55　　スポーツ施設の開放やレンタルサービス 56

3．スポーツリーダーシップ 58

競技スポーツ集団としての組織論 .... 58　　モラール .... 58　　リーダーシップ 60

4．スポーツマーケティング 62

消費者の認知行動過程：AIDMA・AISAS .... 62　　ロイヤルティ .... 63　　エリアマーケティング 65
みるスポーツ .... 66　　女性スポーツ .... 67　　舞踊愛好者 68

5．スポーツ政策 70

スポーツ政策の基本スタンス .... 70　　わが国の主なスポーツ政策 71
今後の主なスポーツ関連政策 .... 74　　スポーツ政策とマネジメント 75

第4章 生きたスポーツマネジメントに向けて （トピックスへのマネジメントアプローチ）

1．スポーツの普及・振興をめざして 80

①アスリート育成とマネジメント 80

アスリート育成の実際（陸上競技の場合） .... 80　　跳躍ブロックでの体制づくり 80
強化選手と各コーチの連携 .... 81　　アスリート育成とマネジメント 82

②スポーツ少年団とマネジメント ··· 84

スポーツ少年団とは····84 　スポーツ少年団の組織と活動····84

スポーツ少年団の問題点····84 　マーケティングの視点からの調査研究····85

スポーツ少年団とマネジメント····86

③ダンス指導とマネジメント ··· 88

多様に広がるダンスの文化····88 　ダンス指導のポイント····88

ダンス指導のマネジメント－対象者の拡大やニーズに応えるために－····91

2. スポーツビジネスの発展をめざして ································· 92

①フィットネスクラブとマネジメント ··· 92

フィットネスクラブのこれまでの経緯····92 　現代的なフィットネスクラブの方向性····92

フィットネスクラブの品ぞろえ(製品ミックス)····93 　フィットネスクラブによるマネジメント····94

より発展的な健康への情報発信····95 　地域、まちづくりへの貢献····95

様々なビジネスチャンスの開発····95

②女性スポーツとマネジメント ··· 96

現代の女性とスポーツ····96 　現代女性のためのサービスづくり····97

女性のスポーツサービスとマネジメント····99

③マンガとスポーツマネジメント ··· 100

「クールジャパン」を代表するマンガ····100 　戦後からの「スポーツマンガ」の変遷····100

スポーツプロダクトとしての「スポーツマンガ」····101

「スポーツマンガ」の中核ベネフィット····102

これからの「スポーツマンガ」の方向性····102

3. スポーツ教育の充実をめざして ································· 104

①保健体育の教育とマネジメント ··· 104

体育の教育と保健体育科の現状と課題····104 　今後の可能性への期待····105

保健体育の教育とマネジメント····106

②体育の授業づくりとマネジメント ··· 108

授業づくりのポイント····108 　授業づくりのマネジメント····110

授業づくりを支えるマネジメント····111

③児童生徒の健康教育とマネジメント ····································· 112

児童生徒の健康教育をめぐる状況····112 　学校で行う健康教育の課題と可能性····113

児童生徒の健康教育とマネジメント····114

④子供の体力向上のマネジメント ··· 116

子供の体力をめぐる現状····116 　学校体育における体力向上····117

参考文献 ····· 121

第1章

スポーツマネジメントの基本視点

1．スポーツマネジメントがめざすもの

2．スポーツマネジメントの方法

| 1. スポーツマネジメントの基本視点 |

1 スポーツマネジメントがめざすもの

「スポーツ」と「マネジメント」

スポーツマネジメントは「スポーツ」と「マネジメント」の2つの言葉から成り立っています。この2つの言葉には、それぞれに異なる目的や目標、そして異なる方法が含まれています。それゆえに、2つの言葉の目的やそれを達成するための方法の組み合わせ方、場合によっては両者のどちらかの一方にかかるウエイトによって、実際には相当数の様々な「スポーツマネジメント像」が描かれているものと思われます。

これら2つの言葉の最も基本的なそれぞれの目的や目標は、**表1**のように整理されます。しかしながら現代および将来においては、スポーツ自体が生み出すインパクトや価値（潜在的な可能性をも含めて）は、実はスポーツを専門とする私たち関係者の想像以上に深化・拡大をすることでしょう。また、スポーツを活用する様々な活動やビジネスの展開においても、想像以上の広がりをみせることが予想されます。ここではそのような将来像をも視野に入れながら、その基本的な部分の整理を試みてみます。

1 一般的なスポーツの目的や目標

まずはスポーツそれ自体の目標です。これまでのスポーツにおいても、将来のスポーツにおいても、スポーツとそのスポーツにかかわる人々との接点はシンプルであり、素朴でもあり、スポーツマネジメントの原点となりましょう。

まさにスポーツをとおして得られる感動や喜び、そして実感はスポーツがもたらす「本来的な恩恵」であり、広く人々に愛される理由でもありましょう。

また私たちのような、スポーツを基軸に人生を過ごし、生業としている者たちにとっては、さらに多くの人々に「より大きな恩恵・より深い味わい」が届くように願う気持ちは格別に強いものとなっています。そのような意味で、さらなる「より効果的な方法の開発」や「より効果的な条件整備」を追求することなどは不可欠なテーマとなります。

また一方で私たちのように、幸運にも比較的容易にそのような恩恵を手にした人ばかりではないことも、十分に承知をしています。もし「スポーツはやや苦手」とか「スポーツは、あんまり…」と思う人々がいるとすれば、そのような人々に対しても、何らかの機会に、その恩恵としての「本質的な部分に触れる喜び」を体感していただきたいという願いも相当に強いものとなっています。その実現のためのマネジメントのあり方も、同様に重要なテーマとなっています。

2 一般的なマネジメントの目的や目標

マネジメントは、様々な領域の各種の目標追及活動において「やりくりをする」とか、「調整をする」という一般的な意味で用いられています。最もマネジメントが重要視され、これまでに様々な知識やノウハウの蓄積をしてきた企業などの経

表1 スポーツとマネジメントの目標・目的

＜一般的なスポーツの目標・目的＞	＜一般的なマネジメントの目標・目的＞
・勝利の追及と感動 ・競技力の向上や上達の喜び ・健康や体力の向上と実感 ・スポーツ方法の開発と条件整備 <div align="right">など</div>	・効果や効率の追求 ・人、モノ、金などの調整 ・組織力や人間力の開発と活用 ・安定的な経営 <div align="right">など</div>

営組織におけるマネジメントでは、「安定的な経営」などが最重要テーマとなりましょう。そして、その基本的な目的達成や目標追求のために必要な様々な活動や業務を合理的に選択し、効率よく組み合わせて調整を図ります。実際には具体的な各マネジメントの活動や業務は、それぞれの領域によっては異なりますが、「効果効率の追求」、「ヒト、モノ、カネなどの調整」、「組織力や人間力の活用」などが共通したものとなりましょう。

❸ 「スポーツ」と「マネジメント」のコラボレーション

この「スポーツ」と「マネジメント」の2つの言葉のそれぞれが示す目的と方法が相互に組み合わさることによって、実際にはさらに多くの特徴的なスポーツマネジメントが存在しているものと思われます。

たとえば、チームの組織力や構成員の人間力を向上させて勝利に導くためのマネジメントや、人々の生活スタイルやニーズにフィットする効果的なプログラムをビジネスとして展開させるためのマネジメントなどです。また、スポーツによる地域の人々の健康や体力の向上を積極的に推進するためのマネジメントなども典型的なスポーツマネジメントの例となりましょう。これらの例は、まさに「スポーツ」と「マネジメント」の理想のコラボレーションともいうべきでしょうか、私たちが描いているマネジメント像なのです。

また、そのような実践的なスポーツマネジメントの活動や業務とともに、この分野の学術的な研究においても、様々な対象や方法および各研究者のスタイルにより、数多くの種類のスポーツマネジメント研究が報告されています。まずは、そのことを踏まえて、この分野のすそ野の広さを理解するとともに、その一方では、この分野のより明快な整理も重要となりましょう。

「スポーツのマネジメント」と 「スポーツによるマネジメント」

実に多様化している今日のスポーツマネジメントなのですが、大別して2つの典型的なスタンスが存在します。それは、スポーツをめぐる「目的論」と「手段論」とでもいいましょうか、実際には相当に曖昧である状況であり、混乱をしている部分でもありますが、実は重要な基本スタンスなのです。

1つは、まさにスポーツが主役であり、そのスポーツの本来的な目的や目標達成のためにマネジメント理論やその技法をフルに活用するスタンスです。たとえば、スポーツの醍醐味である「しびれる勝利」のために、効果的で効率的な組織論を駆使するマネジメントです。また、効果的なマーケティングの理論や技法などを活用して、市民のための健康スポーツをダイナミックに支援し、展開することなどが相当します。これらは、まさにスポーツそのもののために展開される「スポーツのマネジメント」の例といえましょう。

その一方で、スポーツは今日の社会において、大きなインパクトを与え続けています。「スポーツのもつ力」とでもいいましょうか。その巨大なインパクトを活用して、ビジネスの分野をはじめとするスポーツ以外の分野での、スポーツのもつ力を活用する営みや活動も見逃すことはできません。たとえば、多くの国民から広く愛されるトップアスリートをテレビなどでのコマーシャルに起用し、自社のイメージアップを図り、結果として売りあげを上昇させて、業績をアップさせるためのマネジメントが想像されましょう。また、「まちづくり」などのように、地域の活性化や地域形成のための有効な方法として、スポーツを活用し、本来の目標達成をめざすスタンスも見逃せません。効果的な「スポーツの活用」と位置づけることができます。言い換えるとすれば、スポーツを1つの手段として活用する「スポーツによるマネジメント」と位置づけられましょう。

このスポーツに関する2つのマネジメントである「スポーツのマネジメント」と「スポーツによるマネジメント」は、実際の活動においては相乗的に作用する部分もあり、必ずしも明確に区分することはできませんが、スポーツマネジメントを深く理解するためには、実は重要な基本スタンスとなります。今日においては、この2つのスポーツマネジメントの趣旨を十分に踏まえた上で、「と

1 スポーツマネジメントがめざすもの　3

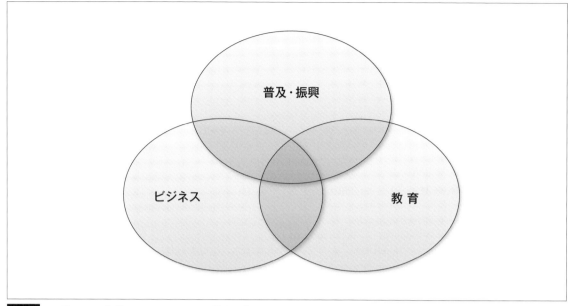

図1 スポーツマネジメントの3つの目的と目標

もにスポーツマネジメントである」という理解が現実的であるといえましょう。

スポーツマネジメントの目標と特性

次に、そのようなスポーツマネジメントの基本スタンスを踏まえた上で、さらに現実の多様な活動やそのためのマネジメントを視野に入れながら、その具体的な目的と目標を整理してみます。

今日における実際のスポーツマネジメントは、様々な領域において多種多彩に展開されていますが、最も基本的な視点から、図1のような「普及・振興」、「教育」、「ビジネス」の3つの典型的な目的と目標を取りあげることができます。

「普及・振興」は、スポーツをはじめとする様々な具体的活動をさらに発展させ、進化させるためのはたらきかけを総合した目標となります。この場合のスポーツには、当然のことながら、伝統的な「スポーツの高度化」と「スポーツの大衆化」の双方が含まれます。この双方の目標に向けたそれぞれの活動やマネジメントは、相互に影響し合う性質にありますが、目下のところは、実践的にも研究的にもまだ多くの課題が残されているように思われます。

「みんなのスポーツ」として、より多くの人々にスポーツが愛されるように、はたらきかける立場でのマネジメントは古くから展開されており、多くの研究報告がなされています。しかしながらその一方で、各スポーツのより高度なパフォーマンスを達成させるためのマネジメントについては、まだ実践的にも、研究的にも、十分とはいえないのが現状です。今後に大きな期待が寄せられる実践領域であり、さらに重要な研究対象となることでしょう。

次に「教育」については、運動やスポーツの教育を中心として、比較的古くから明確に位置づけられている対象の1つであり、重要な目標の1つです。特に学校教育の場面を中心に、「体育管理」や「体育の経営管理」として、そのマネジメントのあり方が追及されてきた経緯があります。しかしながら、そのような直接的な教育の場や機関などの物理的な対象領域にとどめるだけではなく、今後は広く「スポーツによる人の成長」という共通の視点から、地域のスポーツ活動や人々の日常の健康運動の活動などにおいても、積極的にアプローチがなされるものと思われます。

「ビジネス」とスポーツの関係については、多くのスポーツクラブの普及・浸透、また、プロスポーツなどの収入の安定化などのように、ビジネ

ス的な視点を抜きにして、今日のスポーツマネジメントを語ることはできません。研究方法が複雑であったり、「企業秘密」であるため情報入手が困難であるなどの制約は避けられませんが、重要なスポーツマネジメントの業務であり、目標となります。今後のさらなる研究成果の蓄積や確かなノウハウの蓄積によって、さらに大きな成果を実現させることが期待されています。

スポーツマネジメントの目標の連動性

さて、スポーツマネジメントの最も基本的な目標は、スポーツに関連した「普及・振興」、「教育」および「ビジネス」に集約されましたが、これらの各目標や対象領域の特性により、その具体的なマネジメントは選択がなされ、それぞれの特性に応じた特徴的なマネジメント展開が求められることはいうまでもありません。

なお、それぞれの目標は、現実的には必ずしも

明確に区分された個別の効果をもたらすだけではないことも事実です。たとえば、日本代表のオリンピック選手が、感動的な金メダルを獲得し、全国民に勇気と感動をもたらしたとすれば、学校教育での体育・スポーツ活動での子供たちに大きなインパクトを与えて、学校での教育活動が一層活性化することなども容易に想像することができます。また、そのような感動的なメダリストの活躍が、ビジネスの分野においても特別な価値を発生させて、関連のビジネスを一気に活性化させることなども予想される例となりましょう。

このように、スポーツマネジメントでは基本的な各目標を効果的に追及していくことが前提とはなりますが、一方では、そのような多様な価値の連動性や複合性を十分に理解して、今日的、将来的で、よりダイナミックな視野に基づくマネジメントが求められているのです。

コラム-1　子供のスポーツ現場において、あらためて学ぶ

わが国の今日のスポーツマネジメントは、1960年代に宇土正彦先生の『体育管理学』（大修館書店）により、その扉が開かれたといっても過言ではありません。伝統的な体育事業論や運動生活は今日においてもその基本を形成しています。様々な人々の運動やスポーツのかかわりを徹底的に分析考察し、必要なマネジメントのあり方を追求するという重要な基本スタンスが根底をなしています。その宇土先生が、機会があるたびによく話をされていた「小学生のとび箱の授業」のことが強く印象に残っています。先生はいつもうれしそうな表情でその話をされていました。

その授業では一番やさしい条件のところで、2〜3人の男の子が黙々と挑戦をしていました。あまり運動が得意ではなさそうな子たちだったのですが、授業の終盤に、なんとか1人の子が成功をしました。今風のガッツポーズはありませんでしたが、授業の後で担当の先生から聞きました。「先生、今日とび箱を家に持って帰っていいですか？」と申し出たのだそうです。きっと、家でも披露をしたかったのでしょうね。

先日は、私たちが運営をした「かけっこ教室」でも、いい体験ができました。この教室では、メインのかけっこの前に「スキップ」の練習が入っています。全メニューが終ってから、3人の子供たちが私たちのところにやってきたのです。「スキップはこれでいいんですか？」とやってみせてくれるのでした。「うん、うまくなったね」と。すると、3人とも意気揚々とスキップをしながら帰っていきました。

やはり、素直な子供たちの想いにまさるものはありません。そして、その場にいた女子学生スタッフとともに彼らの素直な気持ちを感じながら、私たちは手を振っていました。まさに、スポーツマネジメントは、それぞれの人々とスポーツの接点を十分に理解することからはじまるのですよね。

2 スポーツマネジメントの方法

スポーツマネジメントの使命と各業務

　様々な活動や業務を遂行するためには、その領域や職種を問わず、明確な目標が必要であり、そのための確実な方法も必要となります。スポーツマネジメントの活動や業務においても同様です。スポーツマネジメントの特徴的な目標については、先に述べたとおりですが、ここではそのような目標を達成するための基本的な方法について整理をしておきたいと思います。

　スポーツマネジメントは各種のスポーツを取り巻く様々な要因を正確に認識して、総合的に判断・決断をし、必要な業務を効果的に遂行するというはたらきかけです。そのためには必要不可欠な要因と関連の各種の要因を明確にするとともに、さらには他の有益な諸情報をも含めて的確に収集・集約をし、確実に業務につなげていくことが求められています。

　図1は、スポーツマネジメントの基本となる関連要因とその要因に伴う各業務の構造を示しています。それらには、特に順序性はありませんが、「基本使命」を中心に、その要因として「政策」、「組織」、「資源」、「マーケティング」が取り巻いていることを示しています。また、これらのマネジメントの基本的な要因とともに、今日的なスポーツの状況をより積極的にマネジメントに反映をしていくために、「環境」および「他領域の知見」を重要な要因として位置づけています。

1 スポーツマネジメントの基本的使命

　この全体的なスポーツマネジメントの中心には、当然のことながら人々であり、人々のスポーツ活動であり、人々の生活が位置づきます。言い換えるとすれば、人々にとってのスポーツにかかわる意味となる様々な思いや、状況、そして行動などが最も重要な対象であり、スポーツマネジメントの最重要事項として、中心に位置づく基本的

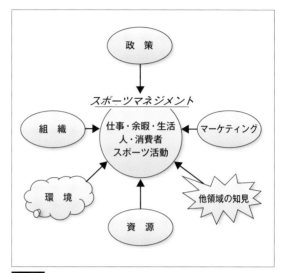

図1 スポーツマネジメントの関連要因

な使命となります。

　そのようなマネジメントの対象として、中心に位置する「人々」とは、一般のスポーツ愛好者やスポーツ消費者はもちろんですが、プロのスポーツ選手や日本代表選手としてのトップアスリート、各舞踊ジャンルのダンサー、あるいは学校における運動部員や体育の授業での児童生徒などのように、スポーツにかかわるあらゆる人々を対象とします。

　また、近年障がい者や高齢者のための「アダプテッドスポーツ」や多くの子供たちやより多くの女性のための「心のこもったスポーツ」などのように、一人ひとりに正面から向き合う運動とスポーツとそのマネジメントのあり方が注目されはじめています。

　さらに「もう1つの人々」も重要となります。それはスポーツにかかわらない人々です。たとえスポーツにかかわらない人々であっても、重要な対象者であるという視点です。特に、一般的なビジネスの分野では、実際に買い物をしてくれる人々だけが消費者ではなく、いかなる人であって

も「将来的な顧客」として位置づけて対応することが求められています。スポーツのマネジメントにおいても、まったく同様となります。このように、多くの人々をスポーツの視点から迎え入れるとともに、それぞれの人々の状況や行動を十分に理解して、効果的にはたらきかけることがスポーツマネジメントの基本使命なのです。

また、この中心部分を取り巻くように、いくつかの要因とその業務が位置づきます。それらには、特に順序性はありませんが「政策との整合」、「組織づくりと運営」、「資源の活用と調達」、「マーケティングの展開」となります。

業務1：政策との整合性

「政策」とは、スポーツマネジメントの組織的な活動に対しての、公的な方針や施策によるはたらきかけであり、社会的に重要な要因となっています。文部科学省やスポーツ庁、経済産業省などの国家的な機関および各都道府県や市区町村などの公的な機関、そして日本スポーツ協会などの公的な団体などのはたらきかけや影響力が相当します。学校や地域スポーツなどの場合では、中央教育審議会の答申や学習指導要領、スポーツ基本法などが相当します。これらに関連する各種の補助や補助金・支援制度なども、マネジメントにかかわる重要な基本要因となります。スポーツマネジメントを取り巻く各種の法令や条例などを遵守し、コンプライアンスを重視するスタンスが大前提となります。さらに、それらの政策の基本理念や政策の意図およびその背景などを十分に踏まえた「政策との整合性」による、より積極的なスポーツマネジメントの展開にも大きな期待が寄せられています。

業務2：組織づくりと組織運営

「組織」は、スポーツマネジメントの営みが組織的な活動をとおして展開されることから、重要な基本要因となります。また、スポーツの場で対象となる人々が集団や組織として活動をしていることも重要となります。マネジメントが、その目的や目標に向かうためには、どのような組織体制がふさわしいのかという「組織形態・組織づくり」の側面と、どのように組織を動かしていくのが効果的であるかという「組織機能・組織運営」の側面があります。

たとえば、スポーツ組織の典型である運動部の場合についてですが、自分たちの部に合ったシステムや組織の構成をすること（組織づくり）や、自分たちが納得をする部の運営（組織運営）は、全員の一体感やモラールを一層高めやすく、好結果になる確率を高めることが予想されます。

このようなスポーツにかかわる組織においては、他の類似の組織の実践例や、自らの組織活動の試行錯誤の蓄積をマネジメントに活かしていくことが望まれています。また、隣接の経営学や行動科学などの関連分野の知見を存分に活用してスポーツ組織の成果と効率の向上が図られることも期待されています。

業務3：資源の活用と調達

「資源」は、様々なスポーツマネジメント活動の前提となる条件とその状況を指しています。具体的には、そこでの「ヒト、モノ、カネ、情報、文化など」の現状や将来的な見込、あるいは優位な特色なども含んでいます。この自らの資源に着目をして、マネジメント業務を手堅く計画することは当然ですが、今後のそれらの資源調達の可能性を踏まえた上での、今後のマネジメント活動の全体を構想することや、「優位な特色」を活用した積極的なマネジメントのあり方にも、大きな期待が寄せられています。

業務4：マーケティングの展開

「マーケティング」は、一般的には経済的な価値を前提にしたビジネスの分野での用語のように思われている場合が多いようです。たとえば、自社製品の売りあげを伸ばして、収益性を高めるための手法であるというように。また、スポーツビジネスの関連では、スポーツクラブやフィットネスクラブでの会員を効果的に募り、経営の安定化を図るための方法であると考えられましょう。確かに、そのようなマーケティングは、最もわかりやすい典型的な例となりましょう。しかしながら、スポーツマネジメントにおいては、そのような営利としての一元的な目標や個別な技法の理解にとどめるだけではなく、その原則的な仕組みや基本

2　スポーツマネジメントの方法　7

的な技法を、営利や非営利を問わずに「広義のスポーツプロモーション」として適用させるという発想が求められます。マーケティングの本来的な意味や、より詳細な仕組みとその機能については、後の章で詳しくまとめてみたいと思いますが、ここでは基本的な考え方にとどめて、整理をしておきたいと思います。

最も基本的なマーケティングは、「交換」の概念で表現されるように、スポーツをとおしての様々な価値の交換を成立させて、そこでの供給サイドと需要のサイドとの双方の「満足」を保証し、継続させるためのはたらきかけの総称となります。まさに、様々なスポーツの場においても"Win-Win"となる関係づくりが期待されています。

スポーツマネジメントの発展的な要因

さて、スポーツマネジメントをさらに発展的にとらえ、よりダイナミックに展開するためには、そこでの基本的な使命や、その使命に迫るための各要因の構造に加えて、「環境」と「他領域の知見」も重要となります。

ここでの環境とは、マネジメントの組織やその活動を取り巻く、多くの外部的な影響要因のことなのです。最も一般的には、国際情勢、世相、景気の動向などのようなグローバルな要因が取りあげられましょう。また、国や地域などの各エリアにおける文化や伝統、生活習慣、あるいは競合や関連施設などの状況もスポーツマネジメントにかかわる重要な要因となる場合があります。これらの環境要因をいかに効果的にマネジメントの活動や業務に取り入れていくかが問われることとなりましょう。

「他領域の知見」とは、スポーツマネジメント以外の隣接の領域の有力な情報や研究の成果などが相当します。スポーツマネジメントは、様々な人々のスポーツの活動を対象としますから、そこでのスポーツの詳細な内容やより専門的な扱いについては、スポーツ科学や健康科学の知見や各種の研究報告などの動向も重要な要因となります。

たとえば高齢者の健康スポーツを推進し、マネジメントを展開するとすれば、マネジメントの理論や知識に加えて、その場合のリスクとその対応および効用についての専門的で正確な知識とその理解が必要です。

また、子供たちの体力の向上を願って、効果的な取組（プログラムやイベントなど）を展開する場合、その取組のよりハイレベルなクオリティの追求のためには、当然のことながら、子供たちの現状や発育発達の原則に関する正確な情報なども不可欠なものとなりましょう。

次の例は、マネジメント分野の私たちが近年最も共感をし、感動した他領域の知見の1つです。図2は、体力科学や健康科学領域の研究報告を示しています。加賀谷（2008）は子供の歩数と父親の歩数の相関が著しく高いことに注目をし、父親のライフスタイルに警鐘を鳴らしています。すなわち、学校やその他の教育の関係者が、子供たちの体力の向上を願って、日夜教育的なプログラムの充実を図っているのですが、その子供の日常での歩数（運動習慣）は、実は父親の歩数ときわめて相関が高いというショッキングな報告でもありました。さらに図3、4は、そのような子供の日常の歩数が、新体力テストの各判定の段階や、体育やスポーツの基礎基本となる「かけっこ」（50メートル走）のパフォーマンスとほぼ重なるということを報告しています。このことを総合的にとらえて、あらためて子供の体力向上のための有効なマネジメントのあり方が問われていることを痛感したのでした。

これらの例のように、マネジメントの分野で直接扱う機会が少ない、他の領域の有力な情報をどのように取り込むのか、場合によってはそのような情報を有する人材といかにコンタクトをするか、あるいは組織的にそのような人材を、いかに配置をするのかは、まさに「マネジメントの力のみせどころ」となりましょう。

また、経営学や関連の社会科学などのように、スポーツ以外の一般的なマネジメントの動向や関連の活動にかかわる有力な知見や情報に対しても、同様の対応が求められています。

スポーツマネジメントの多様性と統合化

スポーツマネジメントの本来的な使命とそのための基本要因および発展的な要因の整理ができた

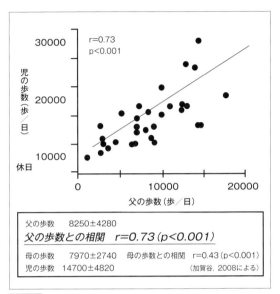

図2 子供と父親の歩数の関係

ように思います。そのような各要因は実際のスポーツマネジメントにおいては、それぞれの具体的な各業務と密接につながっています。各要因が正確に情報化されて、各業務に確実に反映されることが必要となります。まずはこのような基本的な各業務を確実に遂行するとともに、一方でその全体像をきちんと踏まえて、統合化を図りながら対応していくことが強く望まれています。

スポーツマネージャーには、実は最前線の専門的な実務家の人々たちだけではなく、私たちもその「端くれ」なのですが、スポーツマネジメントの研究者も含まれるものと思われます。その意味において、私たちも、常に「俯瞰できる視野が不可欠である」ということを、厳粛に受け止めておかなければなりません。

スポーツマネジメントの情報と知識の階層

スポーツマネジメントの各業務のヨコの広がりや、その広がりに対する全体的な統合の必要性が理解されたことと思います。そのことを踏まえて、

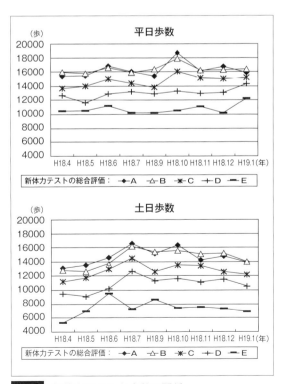

図3 新体力テストと歩数の関係

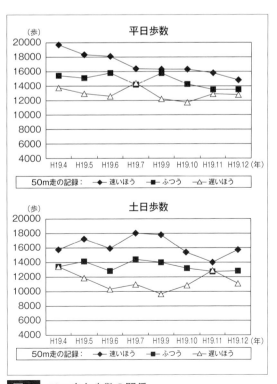

図4 50m走と歩数の関係

2 スポーツマネジメントの方法　　9

さらにマネジメントの次元の深さや、あるいは高さとしてのタテ方向の整理も必要となります。マネジメントの全体的な活動や各業務を進めていく場合の様々な情報や事態に対する「よりどころ」の整理と言い換えることもできましょう。一般的にいわれるような、活動や業務を決定するプライオリティ（優先順位）やヒエラルキー（意思決定の階層）の基準にも相当します。

　図5はスポーツマネジメントの、そのような意味でのタテ方向の最も基本的な情報と知識の統合化の基準を示しています。

　それらは、コンセプチュアル（理念）、アクチュアル（実体）、テクニカル（技術）の各レベルに整理されます。当然のことながら、これらは相互に関連し合いながら、全体的・総合的にマネジメントが機能するための最も基本的な区分であり、統合や調整、あるいは議論のための、共通の「土俵」のように理解をすることができましょう。

　この3つのレベルでとらえる情報や経験などの知識は、次のようなフィットネスクラブのサービスをめぐるマネジメントの例がイメージされやすいものと思われます。

　多くのフィットネスクラブでは、人々の「健康」や「元気でさわやかな生活」などをコンセプトにビジネスが展開されています。この部分がまさにコンセプトや理念の部分であり、やや抽象的ではありますが、組織全体に「コンセプチュアルモデル」として浸透していることが求められます。

　次に、そのようなコンセプトをどのようにして各サービスに具体化させるかが問われることでしょう。当然のことながら、コンセプトとしての「健康」や「さわやかな生活」をそのままパッケージとして販売をしているわけではありません。そのようなコンセプトの実現にふさわしい効果的な各種のプログラムの工夫をして、実際のサービスを展開します。この部分によって、たとえばプールでのプログラムやスタジオでのエクササイズ、ジムでの処方プログラムなどが「アクチュアルモデル」として具体化されることにつながります。

　さらに具体的な製品としての、それらの基本的なフィットネスプログラムを、女性や子供たちな

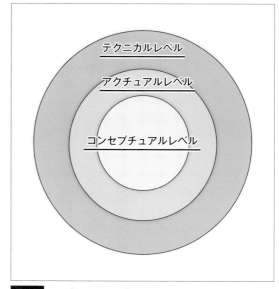

図5　スポーツマネジメントのレベル

どのように対象者の特性に特化させて「テクニカルモデル」としてより具体的な展開につながる工夫が求められます。また、フィットネスクラブならではの特徴的で、きめ細かな「おもてなし」のサービスなども、このテクニカルなレベルでのサービスとして重要であることはいうまでもありません。

スポーツマネジメントのプロセス

　各種の活動や業務においては、目の前の業務に全力で取り組むことは当然のことですし、その1つ1つを確実に成し遂げていくことの必要性はいうまでもないことでしょう。しかしながら、さらに留意すべきは時間の経過という要因です。一般的に、活動や業務を進めていく場合には、そのような各プロセスに対応したマネジメントが求められています。

　まずは、基本形の「マネジメントサイクル」を取りあげてみます。基本はPlan（計画）－Do（実行）－See（評価）のプロセスとなります。各業務をステップごとにきちんと遂行させて次のステップにつなぐ必要性とともに、各ステップでの改善が次のより高いレベルへの連続につながるという業務改善のプロセスを明快に示しています。

　また、特に業務改善の部分を強化し、See（評価）

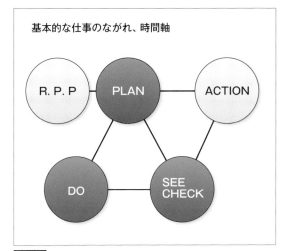

図6 マネジメントサイクル

に、Check（評価）− Action（明確な改善案）を加えてサイクルを構成するP−D−C−Aのマネジメントサイクルが多く用いられるようにもなっています。このような基本形はスポーツマネジメントにおいても共通のものとなりましょう。

しかしながら、昨今の諸々の状況や動向を踏まえて少しアレンジを試みてみました。図6はその内容を示しています。

基本的なマネジメントサイクルの趣旨と同様なのですが、活動や業務のより確実な流れを想定し、さらに関係者の能動性を重視する視点から、P（目標）とその前の段階を重視したマネジメントに着目をしています。図中のRPPは、目標設定の前の段階での"Research & Pre-Planning"であり、周到なリサーチとそのために必要な調整を入念に行うことを強調しています。リサーチは、各種の調査をはじめ、様々な基礎資料やさらに客観的なより多くの情報の入手のことをいいます。またプレ・プランニングは、プランニングに入る前の段階で、様々な関係者との入念な打ち合わせや、必要に応じた早い段階での事前の上司や責任者との調整などが相当します。評価を中心とする「確実な振り返り」も重要ではありますが、「はじめよければ、終わりよし！」といわれるように、RPPをより重視して、積極的な業務遂行のための周到な準備こそが必要であるという、私たちの提案でもあります。

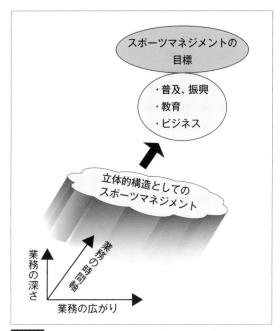

図7 立体構造としてのスポーツマネジメント

立体構造体としてのスポーツマネジメント

スポーツマネジメントの方法である全体的な視野による対応、レベルの違いによる業務の内容の理解、プロセスの理解のそれぞれを軸に設定することによって、スポーツマネジメントは図7のような立体形としてとらえることができましょう。図の横方向の「業務の広がり」、縦方向の「業務のレベルとしての深さ」、そして奥の方向の「業務の時間軸」からなる三次元の立体的構造となります。

スポーツマネジメントの特徴的な目標である「普及・振興」、「教育」、「ビジネス」に向かって、この立体的構造としてのマネジメントが、ダイナミックに迫っていく意味とイメージを示しています。

スポーツマネジメントの実務であっても、研究であっても、そこでの活動や業務が、立体的な構造をなしていることの十分な理解とともに、その立体構造体のどの部分に位置しているのかを、常に確認することが、この分野での最も基本となることでしょう。

| 1. スポーツマネジメントの基本視点 |

コラム-2 「東京ディズニーリゾート」に学ぶ

　東京デイズニーリゾート（TDR）は、日本屈指であることはもちろんですが、世界でも有数のテーマパークの１つです。このTDR、スポーツマネジメントとは何の関係もないように思われますが、私たちにとても大きなヒントを与え続けてくれるのです。特に人々を喜ばせることや、より大きな満足を与えるための仕組みやサービスを考えるときなどです。

　TDRは、集客力、リピート率、入場者１人が使う金額（１人単価）のどれを取っても素晴らしい数字を示しています。そのような素晴らしい結果は、単なる偶然ではなく、実はきちんとした理由や仕掛けがあるのです。私たちのスポーツマネジメントにおいても、そのことをしっかりと学ばなければならないと思っています。

　サービス・マーケティングの立場から近藤（1999）は、以下の「10の疑問」として、TDRのユニークさをまとめています。

＜TDRの10の疑問＞

①ディズニーランドの地下に作られた迷路は何のためにあるのか

②トイレに鏡がないのはなぜか

③従業員用のマニュアルが300冊もあるのはなぜか

④アトラクションに入場する行列がクネクネ曲がっているのはなぜか

⑤雨でも野外のテーブルや椅子を拭いているのはなぜか

⑥園内に入場すると外の建物が見えないのはなぜか

⑦各エリアに入ると地面の色が違うのはなぜか

⑧入場口が一つしかないのはなぜか

⑨なぜ従業員は「キャスト」と呼ばれるのか

⑩遊園地なのに大人の入場者のほうが多く目に付くのはなぜか

（近藤隆雄，サービス・マーケティング，1999，p.244-245）

　これらの「10の疑問」については、TDRの中心的なコンセプトである「おとぎの国」や「ノスタルジア」を基本にして考えてみることによって、うなずける部分がほとんどとなりましょう。スポーツマネジメントを念頭に置きながら、ぜひ、１つ１つの謎を解き明かしてみてください。念のために、１つだけヒントを添えておきましょう。「②トイレに鏡がないのはなぜか」については、もうおわかりですよね？

　TDRのような「おとぎの国」において、もっとも日常的である自分の顔を、わざわざ確かめる必要は全くありませんよね。あえてゲストの最高の楽しみのために、意図的に日常的な要因を取り除くようにするという高度な「おもてなし」なのです。いかにして大切なコンセプトを関係者全員で守りとおすのか、いかにしてゲストに最大の満足を与え続けられるのかなど、TDRは色々な形で私たちに示唆を与え続けているのです。

　いつの日かTDRのように、多くの人々に愛され続ける「スポーツマネジメントのモデル」を示すことこそが、私たちの大きな夢なのです。

第2章

マネジメントの基本理論

（コンセプチュアルレベル）

1．マネジメント組織の理念

2．マネジメントと製品論

3．組織における人間観
（クールアプローチからウォームアプローチ）

4．マネジメントと組織論

5．マネジメントとマーケティング論

2. マネジメントの基本理論（コンセプチュアルレベル）

1 マネジメント組織の理念

マネジメントの父「ドラッカー」

現代のマネジメント理論に強く影響を与えた経営学者の一人として、P.F.ドラッカーを取りあげることができます。わが国では、2009年にベストセラーとなった『もし高校野球の女子マネージャーがドラッカーの「マネジメント」を読んだら』（以下、『もしドラ』）で注目を集めました。この書籍の中で主人公が参考にした書籍がドラッカーの『マネジメント－基本と原則－』であり、この書籍も注目を集めました。

ドラッカーは組織と社会の関係について、組織は製品・サービスなどを通じて社会貢献することで、自由とその存続・発展が認められると述べています。また、組織と個人との関係では、個人は働くことをとおして、自己実現を図ります。それに対して組織は、社会貢献と自己実現の機会、生活のもととなるお金や社会的地位を個人に与えます。そして「マネジメント」はその組織に十分な成果をあげさせるために必要不可欠なものであるといわれています。

そのように主張するドラッカーについて少し踏み込んで理解をしておくことも意味があるものと思われます。

ピーター・フェルディナント・ドラッカー（P.F.ドラッカー）（1909-2005）は、マネジメントを語る上で最も重要な人物の一人であり、マネジメントの父ともいわれています。第一次世界大戦前のオーストリア・ウィーンに生まれたユダヤ系オーストリア人です。ハンブルク大学法学部に入学し、後にフランクフルト大学法学部に編入しました。証券アナリストとして就職しましたが、株式市場の大暴落により会社は倒産。その後新聞社に入社しました。1933年に『保守政治理論と歴史的展開』を発表しましたが、ナチスの迫害を恐れて渡英をしています。1937年、結婚を機にアメ

リカへ移住しました。1942年、ベニントン大学の教授となり、1943年にはアメリカ合衆国国籍を取得しました。1950年にニューヨーク大学大学院、1971年にはクレアモント大学大学院にて教授となりましたが、2005年に95歳にて老衰のため死去しました。

ドラッカーの著書

ドラッカーは、目標管理、民営化、顧客第一、経営戦略、戦略主導の組織構造、集中の原理、分権化、情報化、知識労働者（P.F.ドラッカーによる造語）など、20世紀後半の主なマネジメント理論やキーワードの大半を考案あるいは予測をしていました。中でも、目標管理、組織化、動機づけとコミュニケーション、成果測定尺度の確立、人材開発など、ドラッカーが示したマネジメントの原則は今日においても基本となっています。その著書は30冊以上にもおよんでおり、それらの中から主要書著を取りあげると、次の5冊があげられましょう。『現代の経営』（1954年）、『創造する経営者』（1964年）、『経営者の条件』（1966年）、『マネジメント』（1973年）、『非営利組織の経営』（1973年）です。

『現代の経営』では、「自己目標管理」「マーケティング」「イノベーション」が強調されており、『創造する経営者』では、「強み」「意思決定」、『経営者の条件』では、「貢献」「人の強み」「意思決定」「集中する」がキーワードとして取りあげられます。さらに、『マネジメント』の中では、最も中心をなす「真摯な態度」が掲げられています。さらに、「自己目標管理」「人は最大の資産」「意思決定」「マーケティング」がクローズアップされています。また『非営利組織の経営』では、「リーダーシップ」「イノベーション」「目標設定」「コミュニケーション」がキーワードとなっています。

ドラッカーは経営学者であり、企業活動を中心

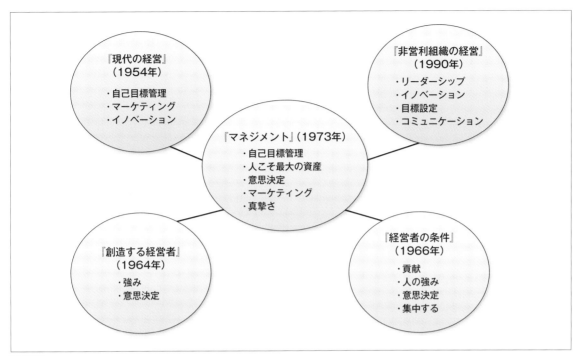

図1 P.F. ドラッカーの主な著書

表1 『もしドラ』からみた P.F. ドラッカーのキーワード

「真摯な態度」… 根本的な素質
・ひたむきに取り組む姿勢
・目標に向かって努力する

「人は最大の資産である」… 協働、強力なパートナー
・周りの人の力を借りる―活用する
・気持ちよく仕事をする―満足してもらう―組織化する、組織を動かす

「マーケティング」… 相手の満足・納得、役割の本質
・人は真に何を望んでいるかを理解する
・「交換」の仕組みを理解する

「自己目標管理」… 自己点検のこころ、確実な前進
・仕事全体やその流れの把握、理解
・合理的な仕事の展開

「イノベーション」… 心の革命、自己の革新、社会貢献
・今までの伝統や枠などにとらわれずに、新たな価値や満足の創出
・他の組織や社会に好ましい影響を与える

に考察をしていますが、なぜ『もしドラ』のような高校野球部を舞台にした物語で、そのような用語が使われるのかという疑問が生じるかもしれません。

ドラッカーは企業組織を前提に執筆をしていますが、彼の「マネジメント哲学」は企業組織だけではなく、目的がまったく異なる様々な組織においても重要であり、運動部の組織にも共通する要

1 マネジメント組織の理念　15

素であるからなのです。

『もしドラ』とドラッカー

さて、ドラッカーは「近代マネジメントの父」などともいわれていますが、基本的なマネジメントのスタンスは「マネジメント哲学」となっています。それを最もわかりやすく、象徴的に描いたのが『もしドラ』であり、そこでは高校野球の女子マネージャーが部の組織を改革し、弱小チームが甲子園をめざすというストーリーで話題となりました。では、なぜ『もしドラ』は注目を集めたのでしょうか。その要因として、伝統的な高校野球の人気、あこがれの全国大会へ出場できたこと、女子（マネージャー）でもできるということなどが考えられますが、何よりマネジメントへの興味・関心が大きかったのではないでしょうか。主人公の「川島みなみ」は、幼馴染である親友が病に倒れ、その親友に頼まれたことから野球部のマネージャーを務めることとなりました。まずはマネージャーという仕事を理解しようと手にしたのがドラッカーの『マネジメント～基本と原則～』であり、物語の中で以下の5つのキーワードを取りあげています。

まず1つ目は「真摯な態度」です。『もしドラ』で引用されたドラッカーの言葉に「マネジャーには根本的な素質が必要であり、それは真摯さである。」というものがあります。リーダーにとっての不可欠な素質として「真摯さ」強調していますが、リーダーは常に何が正しいのかを考え、真摯さを重視しなければなりません。マネージャーも「真摯さ」を身につけていなければなりません。これは部活動に対してきちんと向き合うこと、また目標達成のための強い熱意や組織目標への共感など、部活動や部の目標に対していかに真剣に取り組むかであり、『もしドラ』の場合では、選手以上に甲子園に行きたいという気持ちが真摯な態度につながるものとして描かれています。

2つ目は、「人は最大の資産である」です。企業などの組織では、土地・建物・設備・資金・技術などの様々な資産があります。これらの資産を運用して利益を得ようとし、資産活用をうまく展開することができれば企業は発展していきます。その中でも最大の資産となるのは「人」なのです。つまり、人を活かすことが組織の成長や発展につながるということなのです。運動部などのスポーツ集団においても、部員の協働や強力なパートナーを得ること、周りの人にいかに気持ちよく仕事をしてもらうかが重要となります。部員同士が尊敬し合い、互いの良いところを認め合うことで、素晴らしいチームができるとともに、目標達成につながる確率が高まるのです。

3つ目のキーワードは「マーケティング」です。「経営は顧客を知ることからスタートしなければならない」とドラッカーは提唱しています。相手の満足や人は真に何を望んでいるのかの理解を基本にして、「交換」の仕組みを機能させることが必要です。『もしドラ』の中では、病に倒れたマネージャーが「お見舞い面談」と称し、部員一人ひとりと話をしています。部員のそれぞれが何を望んでいるのか、何に悩んでいるのかを「お見舞い面談」をとおして聞き出しており、顧客（部員）について知ろうとしている様子が描かれていました。

そして4つ目は「自己目標管理」です。目標を立てるのは、組織がより高度に発展していくことが求められているからです。目標を立ててもうまくいかず、思ったような成果が得られない時には、一番肝心な点がぼやけてしまい、目標を立てることが目的になってしまっていないか振り返ってみることが大切です。「目標管理」とは、目標を与えて管理することではありません。正しくは「自己目標管理」です。「自己目標管理」の利点は、自らの活動を自らが管理することです。すなわちそれぞれが目標を定めることです。誰かが決めるのではなく、自分で決め、それに向けて何をするべきかを考えなくてはいけません。

そして5つ目は「イノベーション」です。イノベーションとは、今までの伝統や枠などにとらわれずに、新たな価値や満足を創出すること、また他の組織や社会に好ましい影響を与えることです。私たちの生活において、半導体が発明されたことで、ウォークマンやスマートフォンなど現代

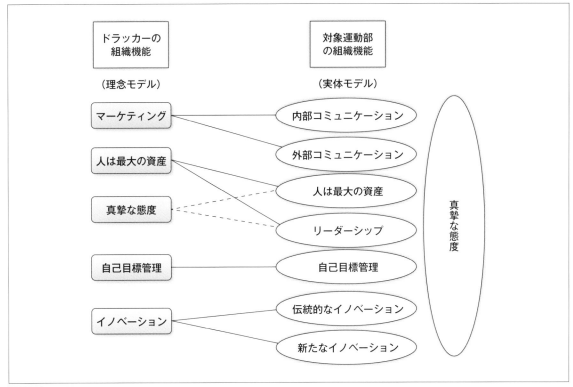

図2 ドラッカーの理念モデルと大学野球部の組織機能

人にとって欠かせないものが開発されました。『もしドラ』の中では、「ノーバント・ノーボール作戦」というものが出てきますが、もしかしたらこれは日本中の野球部の練習が変わる戦法の1つかもしれません。このように既存の価値にとらわれないで新しい価値を生み出し、社会によい影響を与えることの重要性を示しています。

ここまでにあげた5つのキーワードを基にし、『もしドラ』はストーリー化されています。多くの高校野球愛好者が女子マネージャーの活動とともに、一方では、野球部としての組織の活動と重ね合わせてマネジメントの意味の重要性を再認識したものと思われます。

「大学運動部」とドラッカー

さて、『もしドラ』は、フィクションのストーリーでしたが、小野里ら（2017）は、大学野球部の組織研究によって興味深い報告をしています。毎年、全日本大学選手権で上位の成績を修め、常に日本一をめざしている野球部を対象に「組織機能」に焦点を当て、その抽出を試みています。

図2は、その結果を示しています。完全にはドラッカーの理念モデルとは一致をしていませんが、類似の組織的な機能を浮かび上がらせています。特に、ドラッカーの「イノベーション」と「自己目標管理」、「人は最大の資産である」は同一の機能であり、高度な企業組織とハイレベルな運動部組織の機能が著しく類似していることを示しています。つまり今後は、高度な目標をもつ高機能、高密度な組織は分野が異なっていても、同様の研究的なアプローチを可能にすることを示唆しています。

成功を修めたスポーツ組織の知見が一般企業組織に援用されることや、逆に先進の企業組織のモデルを活用して、スポーツ組織が成功するという取組が実現するかもしれません。なんだかワクワクしますね。

2 マネジメントと製品論

「製品（プロダクト）」の一般的な考え方

　私たちにとって身近なスポーツやダンスは、様々な価値を包含した活動です。では、スポーツを一般的な「製品」としてとらえるということは、どのようなことなのでしょうか。

　経営学の分野で巨匠といわれているコトラー（2007）は、製品（プロダクト）とは何かを次のように定義しています。「製品（プロダクト）とは、興味・所有・使用・消費など特定のニーズや欲求を満たすことができる提供物全てのものを指す。それは、物理的財・サービス・経験・イベント・人・場所・資産・組織・情報・アイディアを含んでいる。」ととらえています。

　一般的に、「製品」という言葉からは人間のはたらきかけによって加工された「かたち」となって存在するものをイメージするかもしれません。しかしながら、コトラーの定義にもあるように、私たちの身の回りには、「かたち」となっている製品だけではなく、サービスやアイディア、システムなどの無形の財を「製品（プロダクト）」として消費しているのです。このような視点で「製品（プロダクト）」を考える場合に、近藤（1999）はあるアメリカのマーケティング学者の言葉を例にあげています。それは、「われわれが日曜大工の店で電気ドリルを買うのは、本当はドリルが目的ではなく、ドリルを使ってできる穴を買っているのだ。」ということです。つまり、「かたち」となっている製品であれ、サービスなどの無形の製品であれ、何かの商品を購入するのは、われわれが必要とすることや充たそうと望んでいる何らかのニーズや課題があるということなのです。

　スポーツの場面においては、ボールやラケット、シューズやウェアなどは「かたち」となる「製品」としてとらえることが可能ですが、それらの製品は、スポーツ活動を生み出すための道具や手段となるものです。では、スポーツを「製品（プロダクト）」ととらえるということはどのようなことなのでしょうか。

　スポーツも一連のルールが定められていることや身体を動かすということだけでは製品としては成り立ちません。スポーツは、健康のためとか仲間と楽しむためとか自己の限界に挑戦するためなどの様々な目的が存在し、その目的を達成することが「製品」としての価値になるものと考えられます。このようにスポーツを「製品：プロダクト」としてとらえることは、関係する人々の「価値」を理解し、その価値を中心にスポーツをマネジメントすることといえるでしょう。

「製品（プロダクト）」の基本構造：3次元から5次元へ

　コトラー（1995）は、「製品（プロダクト）」のとらえ方を「中心的価値」、「形態価値」、「付随価値」の3つのレベルから構成された価値のパッケージとしています。このとらえ方は、われわれが「製品（プロダクト）」を理解するための基本構造をより具体的に示すものです（図1）。

・中心的価値（Core Product）

　中心的価値（Core Product）とは、消費者からみた価値や満足（ベネフィット）を表すものであり、製品の最も中心に位置づくものです。この中心的価値を理解するとともに、明確に表現することによって「製品（プロダクト）」が何かということがみえてきます。

・形態価値（Actual Product）

　形態価値（Actual Product）とは、「製品（プロダクト）」の中心的価値を具体的に表すもので、有形の財の場合では、「パッケージング」や「ブランド名」、「スタイル」、「特徴」、「品質水準」の5つを特性としてあげています。すなわち、中心的価値を生み出す「製品（プロダクト）」そのも

図1 製品の3つのレベル (Kotler, 1995)

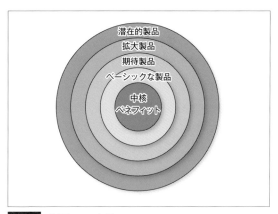

図2 製品の5次元レベル (Kotler, 2000)

のを表すことや製品として実感する部分です。

- **付随価値（Augment Product）**

付随価値（Augment Product）とは、消費者がその「製品（プロダクト）」の価値を手に入れるために整えておかなければならない条件となるものです。具体的には、「配達（流通システム）」、「取り付け」、「アフターサービス」、「保証」などが用意されていることによって、消費者は安心して「製品（プロダクト）」を手に入れることが可能となります。また、「おまけ」や「ポイント制」など、「製品（プロダクト）」本来の価値をさらに拡大させるものです。

さらに、21世紀を迎え、コトラーの製品概念は、消費者が求める価値やベネフィットを真に理解することにより、「製品（プロダクト）」が「ベネフィットの束」ないしは「トータルな価値のパッケージ」になるととらえています。前述のように、基本となるプロダクト構造は「中心的価値」、「形態価値」、「付随価値」の3つのレベルから構成されていますが、それらの基本的な意味を踏襲しつつ、「製品（プロダクト）」の価値を拡大することを意図し、5次元による構造化を提唱しています（図2）。

- **中核ベネフィット**

最も中心となる次元は、消費者が何を求めて製品を購入するのかという根本的な価値や目的を表す「中核ベネフィット」です。たとえば、レストランでの食事の場合を取りあげてみると、「中核ベネフィット」である最も基本的な目的は「空腹を満たすこと」や「おいしいものが食べたい」な

どがあげられます。このような消費者の目的や価値は、消費者の状況や主観などによって多様であるため、提供者サイドはこれらの中核ベネフィットを想定したコンセプトで製品を生み出すことが課題となります。

- **ベーシックな製品**

第2の次元となる「ベーシックな製品」は、製品の基本的な形を表すものであり、中核ベネフィットに直接かかわるものとなります。レストランの例でいえば、メニューに並ぶ料理や飲み物といえるでしょう。

- **期待製品**

第3の次元は、製品の購入や利用をする時に当然あるべき条件として期待される「期待製品」となります。レストランの場合では、清潔なナプキンや食器、整えられたテーブルや椅子、料理を楽しめるお店の雰囲気などが考えられます。これらの要素をプロダクトに効果的に機能させることによって、さらに魅力的なプロダクトへ変容させることや中核ベネフィットを増大させることが可能となります。

- **拡大製品**

第4の次元である「拡大製品」は、競合する他の組織との差別化や「製品（プロダクト）」をより魅力的なものにすること、あるいは消費者の満足や「製品（プロダクト）」の価値をさらに高めるような付加的なサービスが相当します。

では、レストランを選ぶ際のポイントになるのはどのようなことでしょうか。まずは、料理のジャ

ンルなどが想定されますが、いくつかのイタリアン料理のレストランからどのお店に行くのか選択する際に「好みのメニューがある」ことや「コストパフォーマンスが良い」などのポイントは「拡大製品」となる部分といえます。すなわち、メニューのバリエーションやこだわりのある食材、ドリンクサービスなど、他のレストランと差別化できるような要素です。あるいは、レストランの立地条件や交通アクセスなども「拡大製品」として考えられるでしょう。

▪潜在的製品

第5の次元である「潜在的製品」は、将来的に拡張しうる新たな機能などのように、想定していたことではないけれど波及的に拡大するような可能性を意味しています。将来的なベネフィットとして想定される「潜在的製品」には、レストランのメニューをヒントに自身の料理のバリエーションが増えることやワインに興味をもつようになってソムリエの勉強をはじめることなど、中核ベネフィットに直接的にかかわらないけれど、さらなるベネフィットを膨らますような可能性を秘めた部分があげられます。

このようなプロダクトの構造化は、消費者が真に求める中核ベネフィットを想定し、トータルな価値のパッケージとして具体的な「製品（プロダ

クト）」を生み出すことを可能にするものといえるでしょう。

製品論によるマネジメント

基本的な製品論を理解した上で、このような理念（コンセプチュアル・モデル）をもとにマネジメントを展開するにはどのようなはたらきかけが求められるのでしょうか。スポーツにおいては、「する」にしても「みる」にしても、その「中心的価値」は、人々に「感動やファンタジックな感情」を与えることにある（広瀬，1994）といわれていますが、これはやはり、スポーツがサービスや情報などと同様に無形の財であり、「無形性」、「不可分性」、「変動性」、「消滅性」という製品の特性をもち合わせていることが特徴となります。

表1は、スポーツと同様にサービスが中心的な価値となっているテーマパークの場合とスポーツマネジメントの対象となるプロ野球観戦およびゴルフレッスンの場面でのプロダクト構造を示したものです。

テーマパークの場合、人々の中核ベネフィットは「非日常的な世界」であり、時間も忘れて過ごすことや「ノスタルジックな体験」が相当します。それは、子供だけではなく、むしろ大人が夢中になるようなベネフィットでもあり、アトラクショ

表1 製品（プロダクト）の違いによる5次元構造（コンセプチュアルレベル）

	「テーマパーク」の場合	「プロ野球観戦」の場合	「ゴルフレッスン(小野里，2000)」の場合
中核 ベネフィット	・夢 ・ノスタルジックな体験 ・非日常的な世界	・夢 ・あこがれ ・感動 ・興奮	・総合的な満足 ・運動効果に対する満足 ・レッスンに対する満足
ベーシックな 製品	・アトラクション ・パレードなどのショー	・プロらしいプレー ・ゲームの展開 ・あこがれの選手	・指導サービス
期待製品	・レストラン ・整備された施設、設備 ・キャスト（スタッフ）のおもてなし	・美しいグランド ・観やすい座席 ・試合結果の掲示 ・売店	・クラブへのアクセス(立地条件) ・サービスへのアクセス 　　　　（施設、料金システム） ・プロセス（レッスン時間、回数） ・仲間関係
拡大製品	・キャラクターの魅力 ・交通アクセス	・スタジアムまでの交通アクセス ・特別な観戦シート ・ハーフタイムショー	・付帯サービス 　（イベント開催やプレゼントなど）
潜在的製品	―	―	―

ンのリニューアルやシーズンごとにショーのバリエーションを工夫することなど、一度来場したゲストに「また行きたい」という気持ちを彷彿させることによりリピーターへとつなげることが可能となります。すなわち、製品のコンセプトとなる中核ベネフィットを理解し、各プロダクト要素が中核ベネフィットに効果的に機能するための綿密なサービスづくりの重要性を意味するものです。

一方、代表的な「みるスポーツ」であるプロ野球観戦を取りあげてみます。プロ野球観戦の場合、最も基本となる「中核ベネフィット」は、「夢」や「あこがれ」、脱日常性から得られる「感動」や「興奮」などが考えられます。これらの「中核ベネフィット」を満たす「ベーシックな製品」には、「迫力のあるプレイ」、「あこがれの選手」、「ゲーム展開」などが相当します。「期待製品」は、スポーツ消費者である観戦者が期待する条件となりますが、プロ野球であれば、「整えられたグラウンド」や「観やすい座席」、「試合結果の掲示」、飲み物や食べ物の「売店」などがあげられます。

中核ベネフィットを膨らませる「拡大製品」には、会場となる「スタジアムの立地条件」や「特別な観戦シート」、「ハーフタイムでの楽しいイベント」、「売店でのオリジナルメニュー」など、より魅力的で付加的なサービスやベネフィットが機能するものと考えられます。

第5の次元である「潜在的製品」については、現段階では想定するものがない場合でも、ひいきチームを一緒に応援するような仲間ができることや、球団の本拠地開催の試合だけではなく、対戦チームの球場に足を運びながら旅行気分を味わうことなど、新たな価値を拡大する可能性が秘められています。

プロ野球観戦者の中核ベネフィットをさらに高めるためには、このようなプロダクト構造を加味したサービス展開が求められることでしょう。

さらに、レッスンビジネスにおける実践的なプロダクト構造として小野里（2000）は、ゴルフレッスンを対象としたプロダクト構造について検討しています。ここでは、ゴルフレッスンに通うレッスン生の視点から、プロダクト評価に関する26項目およびレッスンに通うことによって得られた効果に関する15項目について因子分析を行い、抽出された因子をコトラーの5次元構造に当てはめてゴルフレッスンという固有なスポーツプロダクト構造を明らかにしています。その結果、**表1**に示すように「中核ベネフィット」にはゴルフレッスンに通う効果として得られる「運動効果に対する満足」と「レッスンに対する満足」および「総合的な満足度」が位置づいています。スポーツレッスンにおいては、技能の上達や達成をはじめ、健康への運動効果を実感できることが中核ベネフィットになるといえます。「ベーシックな製品」には、レッスンそのものを表す「指導サービス」が配置され、「期待製品」には施設・設備の使いやすさや料金システムなどを包含した「サービスへのアクセス」、立地条件や時間帯の設定などを表す「クラブへのアクセス」、レッスンの時間や回数となる「プロセス」および会員同士の「仲間関係」が相当します。これらは、ゴルフレッスンを成立させるための条件の組み合わせとなる要素と考えられます。第4の次元の「拡大製品」には、レッスン以外のイベント企画、皆勤賞や認定証、プレゼントなどの工夫を意味する「付帯サービス」を配置しています。第5の次元の「潜在的製品」はこの段階で相当する因子は抽出されていませんが、新たな友人の拡大や健康意識への高まりなど、将来的なベネフィットが予想されます。

ここからゴルフレッスンのサービスづくりを考えてみると、たとえば、「レッスンに対する満足」を高めるためにはより手厚い指導サービスに取り組むことや「運動効果に対する満足」へのウエイトを重視したアプローチであれば、ストレッチや健康体操をレッスンの中に取り入れることなどが提案できます。すなわち、スポーツレッスンをプロダクト構造でとらえることは、消費者である利用者のベネフィットによりフィットするレッスンをプロデュースすることやさらに高質なサービスづくりに貢献するものといえます。

このように製品論によるスポーツマネジメントの検討は、スポーツ組織が抱える様々な課題に有用な示唆を与えるものとなるでしょう。

3 組織における人間観
（クールアプローチからウォームアプローチ）

組織をマネジメントする際には、一般的な経営学においてもスポーツマネジメントの分野においても2つのスタンスを理解することが求められます。1つは、組織を主体的に運営する立場として組織に必要な資源を調達することや有効に活用するためのマネジメントのはたらきかけです。もう一方は、マネジメントの対象となる組織において、組織の成員のモチベーションを高めて活性化することやそれぞれの階層で必要となるマネジメントの役割を果たすことです。

どちらのマネジメントも組織をより充実させるためには必要なマネジメントといえましょう。ここでは、組織マネジメントにおける理論や学説を踏まえ、対象となるスポーツ集団への効果的な活用を考えてみましょう。

基本的なマネジメント理論の学説の変遷

一般的な経営学における組織マネジメント理論の起源を紐解いてみると、そのはじまりは20世紀のはじめといわれています。時代とともにその理論は進化を遂げていますが、おおよそまだ100年程の間しか経過していない学問です。では、この約100年間にどのような変遷を遂げているのでしょうか。

表1は、組織のマネジメントにおいて基本となる主な理論や学説について、時代の経過とともにその変遷を示したものです。「マネジメント」の意味には、「経営」、「組織を管理する」などがありますが、まさしくその起源は、工場で働く労働者の怠業を防止するために作業動作を科学的に管理することで作業能率を向上させようとすること、すなわち、作業の合理性を追求することが中心となっていました。

しかしながら、作業を行うのは人間であり、機械のようにシステマティックに扱うことは不可能であることが指摘されはじめ、労働者同士の人間関係やより人間性を重視した仕組みを構築することの重要性が取りあげられるようになります。

さらに、そのような人間性を重視した場合、作業者のやる気を引き出すことや満足度を高めることが作業能率を向上させることが明らかになると、モチベーション論や動機づけ要因に注目したアプローチへと移行していきます。また、そのようなモチベーションを引き出すためのリーダーシップ行動なども取りあげられるようになりました。

このような変遷において、具体的なマネジメントとはどのようなことなのか、取りあげてみたいと思います。

人間観の重要性：クールアプローチからウォームアプローチへ

▪ 科学的管理論

マネジメント理論の起源といわれている科学的管理論は、アメリカ機械技師協会の会長を務めたテーラー（F. W. Taylor, 1856-1915）が工場で働く作業者たちの怠業を防止するために、作業員の動作と課業の量を測定し、優秀な作業者には高い賃金を支払い、課業を達成できなかった作業者には低い賃金を支払うという出来高払い制の仕組みを提案したことがはじまりです。これは後に「科学的管理法」と呼ばれ、経営者サイドからみていかに無駄の少ない、合理的な作業動作を確立することや標準的な課業の量を決定することをめざした合理性の追求を重視した理論といえます。

さらに、テーラーの後継者であるギルブレス（F. B Gilbreth, 1868-1924）は、このような作業者の身体動作に焦点を当て、不必要な動作を排除し、能率的な動作を分析することで最も有効な動作の順序を決めることが課業の達成率を高めることであるという手法を開発します。

表1 組織におけるマネジメント理論と主な学説

年代	組織のマネジメント理論と主な学説
1910	成り行き管理 科学的管理論　　　　　　管理過程論 テーラー　　　　合理性の追求　　　　ファヨール 「出来高払い制」　　　　　　　「管理機能の分類」
1920	ギルブレス 「動作研究」 人間関係論
1930	メーヨー 「ホーソン工場」 人間性の追求　　レヴィン　　　　　システムの追求 　　　　　　　　「集団力学」
1940	行動科学論　　　　　　　　　　　意思決定論 マズロー　　　　　　　　　　　バーナード 「欲求階層説」　　　　　　　　「協働体系」 　　　　　　　　　　　　　　「誘因と貢献の均衡」
1950	マグレガー 「X理論－Y理論」 　　　　　　　　条件性の追求　　　サイモン ハーズバーグ　　　　　　　　　「情報処理システム」 「動機づけ－衛生理論」 　　　　　　　　環境適合論
1960	バーズンとストーカー「機械的システム対有機的システム」 ローレンスとローシュ「コンティジェンシー理論」
1970	適応性の追求 　　　　　　　　　　　　　　　　リーダーシップ 経営戦略論 　　　　　　　　　　　　　　　　モチベーション
1980	スタイナー「トップマネジメント・プランニング」 ポーター「競争戦略」

(山下・原田 編著, 図解 スポーツマネジメント, 2005, p.13「マネジメント理論の流れ」に一部加筆)

3　組織における人間観　　23

表2 マネジメント理論の変遷と人間観

クールアプローチ	ウォームアプローチ
（〜1910年代） ・科学的管理論 ・管理過程論　など	（1930年代〜） ・行動科学論 ・人間関係論　など

テーラーやギルブレスが提唱したこれらの理論は「古典的管理論」と呼ばれ、当時の経営者や研究者に大きな影響をおよぼすとともに、マネジメント理論の始祖となっています。

- ホーソン効果と人間関係論

このような科学的管理論に大きな疑問を投げかけたのが1920年代にメーヨーらによって通信機メーカーで行われた「ホーソン実験」です。メーヨーらは、作業の生産性は単純に作業工程や能率的な動作を踏襲しても、作業者が人間である以上、機械同様の労働を継続的に行うことは不可能であり、特に個人が集団を形成した際には個人だけでは測れないような現象も起こり得ることを指摘しています。「ホーソン実験」は、アメリカのウエスタン・エレクトリック社のホーソン工場にて何度か繰り返された実験ですが、ここでは、作業者にとって、作業中の照明の明るさや温度設定、賃金出来高制よりも作業者の仕事に対する満足度が高ければモラール（集団のやる気・士気）が高く、モラール（集団のやる気・士気）が高ければ生産性が高いという実験結果が得られました。すなわち、人間の労働への動機づけは賃金よりも作業者の満足度やモラール（集団のやる気・士気）といった心理的態度の変化が大きな影響をおよぼすことを明らかにしています。

この結果は、「ホーソン効果」と呼ばれ、科学的管理論の視点からより人間をクローズアップした「人間関係論」の重要性を実証するものとなっています。

- クールアプローチからウォームアプローチへ

科学的管理論や人間関係論は組織のマネジメントにおける「経営」や「組織を管理する」ための手法としてその礎になったことはいうまでもありません。しかしながら、これらの理論は組織の成員である作業者を機械の部品の1つのように扱っていることや作業環境の条件を整えることに重点が置かれ、作業者の人間性や動機づけなどの人間の欲求や態度から生み出されるエネルギーの活用に至っていないことが課題となってきます。

組織をマネジメントすることは、成員である人間を理解することや人間そのものの欲求を踏まえ、たとえ労働であっても何らかの動機づけにより行動することが求められます。

ウォームアプローチからモチベーション論へ

このような変遷から、組織のマネジメントはさらに人間的なアプローチが重要視されていきます。

- マクレガーのX理論−Y理論

メーヨーらによるホーソン工場実験の結果は、それまでの科学的管理論から人間関係論への重要性を実証するものでした。さらに人間関係論に行動科学的なアプローチを取り入れ、人間のモチベーションに着目した理論が注目を集めるようになりました。それらの中心的な理論では、心理学的な欲求による動機づけを提唱したマズローの「欲求階層説」やマクレガーの「X理論−Y理論」、ハーズバーグの「動機づけ−衛生理論」などが取りあげられます。

ここでは、マクレガーの「X理論−Y理論」について考えてみましょう。マクレガーは、マズローの欲求階層論を踏まえ、人間には行動への動機づけに2つの側面があることを指摘しています（「マズローの欲求階層論」についての詳細は、4.（1）参照）。1つは、人間の行動は生理的欲求や安全欲求により動機づけられるととらえる「X理論」です。人間が仕事をするのは、生活をするために必要なことであるから、また、強制や処罰がなければ組織のために努力はしないといった心理状況

を想定しています。このような心理状況に対する動機づけ方法は、高い賃金を設定することや課題を達成できなかった際に罰則を設けるなどの対応が考えられます。

もう一方は、人間は自己実現のためにより高い次元の充足をめざすことに動機づけられるととらえる「Y理論」です。すなわち、人間は自身の目標が達成され自己実現が満たされることをめざし、自然に努力するという考え方です。このような心理状況に対する有効な動機づけ方法は、組織の目標と個人の目標を統合し、自らが関与することで自主的な活動へと促すことがあげられます。

▪ ハーズバーグの「動機づけ－衛生理論」

さらに、ハーズバーグによる「動機づけ－衛生理論」について取りあげてみます。

ハーズバーグもマクレガーと同様にマズローの欲求階層論を踏まえて、組織が与えることのできるインセンティブには2つの要因があることを定義しています。ここであげる「インセンティブ」とは、組織の成員に与える動機づけの源泉となるものを意味しています。ハーズバーグによると、第1は、それが与えられても人が満足を高めることはないけれど、与えられなければ不満を感じるというインセンティブです。たとえば、仕事に対してその業務に見合った給与が与えられることや仕事の条件が保障されていることなどがあげられ、このようなインセンティブを「衛生理論」と呼んでいます。

第2は、それを与えられることで満足が高まるようなインセンティブを指す、「動機づけ要因（モチベーター）」です。「動機づけ要因（モチベーター）」は、職務の内容や達成、また達成したことへの評価などが相当し、マズローの欲求階層論での尊厳欲求、自己実現欲求に関係することや人々の満足を高めることも可能となります。

マクレガーやハーズバーグの理論で取りあげられているこれらの動機づけは、人間の根底にある心理的な要因であり、いずれの側面ももち合わせていることが人間らしさといえます。組織のマネジメントにおいては、その成員である人々が各々の力を十分に発揮できる環境を整えることをはじめ、組織の目標達成や自身の自己実現へのはたらきかけをすることが基本的で重要な使命です。その使命を果たすためには、合理性を追求した管理的なマネジメントが強調されるクールアプローチではなく、より人間観を重視したウォームアプローチを基軸とした組織のマネジメントが必要となっています。

スポーツ組織・集団と人間観

前述の組織マネジメントに関する理論や学説を踏まえ、スポーツマネジメントの対象となる競技スポーツ集団やスポーツ組織についてのマネジメントを考えてみましょう。

私たちにとって最も身近なスポーツ組織として、学校運動部の活動を取りあげてみると、組織のマネジメントとして、2つの対象があげられます。たとえば、生徒が選択的に活動に取り組めるよう、複数の種目による多様な運動部を設置し、各部が活発に活動できるよう施設等の場所を調整することや、より専門的な指導者を配置することなどは学校という組織におけるマネジメントといえます。もう一方は、対象となる運動部において、部員の活動意欲を促進することや部内で共通した目標を掲げ、その目標を達成するために集団をまとめていくマネジメントです。運動部においては、部の目標や活動方針によって個人の意思や望むことが叶えられない状況も多々生じてくるものですが、そのような状況の場合でも、「チームの目標達成のため」や「監督の期待に応えたい」などの思いが部員のやる気を引き出すことが見受けられます。また、部員が意欲的に活動に取り組むための動機づけや活動に対する満足度を高めるために指導者がどのようにはたらきかけたらよいのかということを試行錯誤することもあるでしょう。

これらのマネジメントは、運動部という組織を構成する部員の特性や状況を理解することの重要性を示すものと考えられます。これまでもスポーツ組織や集団を対象としたマネジメント研究は取りあげられていますが、今後はさらに人間観をクローズアップした組織マネジメント研究が求められることでしょう。

3　組織における人間観　　25

4 マネジメントと組織論

　マネジメントにおける組織論とは、「組織の中で人々がどう動くのか」ということや「組織の目標達成のために成員にどうはたらきかけるのか」という視点から組織（集団）にアプローチすることを意味しています。ここでは、組織論の基本的な理論やメカニズムとマネジメントの役割について理解しましょう。

組織の階層とスキル

　一般的に組織とは、共通する目標や目的を達成するために活動する集団です。その規模は、数名で構成されるものから数百人、数万人と大勢の人たちにおよぶものまで、組織の規模や特性によって様々な構成になっています。「組織をマネジメントする」とは、組織の規模や特性にかかわらず、組織を取り巻く経営資源を有効に活用し、組織の課題を達成することやより効率的に活動できるよう管理、運営することです。

　図1は、組織の構成についてそれぞれの役割の階層をピラミッドで示したものです。一般的な企業や会社などの組織においては、トップである「経営者」が組織の成長や成功をめざし方針や方向性を決め、経営戦略を策定します。この経営戦略を展開するために組織全体が活動しやすいようにはたらきかける役割が「経営管理」となります。さらに、実践となる現場の「業務活動」をコントロールすることを「業務管理」といい、それぞれの階層が相互に連携を取り合いながら業務活動を進めていくことが求められます。

　このような組織階層を私たちにとって身近なスポーツ組織の場面で考えてみると、たとえば運動部などの競技スポーツ集団における組織の構成があげられます。運動部のような組織では、チームの目標を掲げ、その目標を達成するためにチームの方針や戦略を示して導いていく役割は「監督」になります。そして、その方針や戦略、戦術を日々の練習内容に効率的に取り入れて監督とともに活動を促進させることがコーチの役割となるでしょう。また、チームにおいては選手の立場でありながらまとめ役となる主将・キャプテンの役割やマ

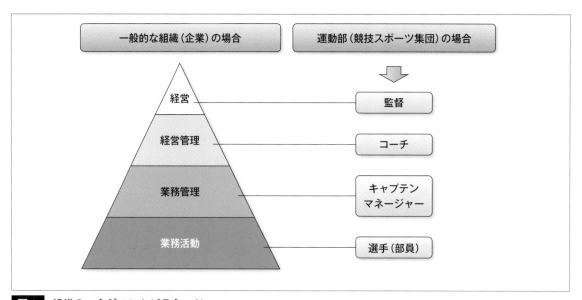

図1　組織のマネジメントピラミッド

ネージャーの存在も当然のことながら重要となります。

さらに、これらの階層には組織を効率的にマネジメントするための役割が求められます。組織のマネジメントを遂行するために必要と思われる能力や経営技術は多様にありますが、ここでは特に組織を構成する各階層に応じて求められるマネジメントスキルを考えてみましょう。

図2は、それぞれの階層（レベル）におけるマネジメントスキルと組織全体を把握することの必要性（バリューチェーン）を示しています。まず、組織のトップとなる経営者は、トップマネジメントとしての能力が必要です。具体的には、組織を取り巻く経営環境を的確に把握する情報収集力や時代の流れを先取りしながら将来的な方向性を決定し、組織がめざす目的を達成するための経営戦略を策定する先見性や判断力です。これを「コンセプチュアル・スキル」といいます。

次に、計画通りの経営活動を進めるためには組織を構成する人々を指揮管理するミドル・マネジメントの役割が重要です。この階層（レベル）では、人を管理するリーダーシップ能力や伝道師としてトップの意向を浸透させることなどが必要な能力であり、「ヒューマン・スキル」と呼んでいます。

3つ目のロワーマネジメントでは、具体的な日々の業務活動をコントロールする役割となる「オペレーショナル・スキル」が要求されます。

また、これらの各階層（レベル）がコミュニケーションをとおして相互に関連し合うことがさらに効果的な影響力を与えるバリューチェーン（価値連鎖）になることが組織マネジメントに有効な機能となります。

前述の運動部のような競技スポーツ集団においても部内における各階層（レベル）に応じてその役割や能力（スキル）がチーム力向上や目標達成の重要なカギを握っていることはいうまでもありません。また、競技スポーツ集団に限らず、フィットネスクラブなどのレッスンビジネスを展開するスポーツ組織や総合型地域スポーツクラブのような非営利組織においても組織をマネジメントするための基本的な役割として機能するものと考えられます。

組織におけるリーダーシップ論

組織をマネジメントするには、それぞれの階層（レベル）に応じてその役割や能力（スキル）が必要であることは述べてきましたが、ここではどの階層（レベル）においても要求されるリーダーシップについて取りあげてみます。リーダーシッ

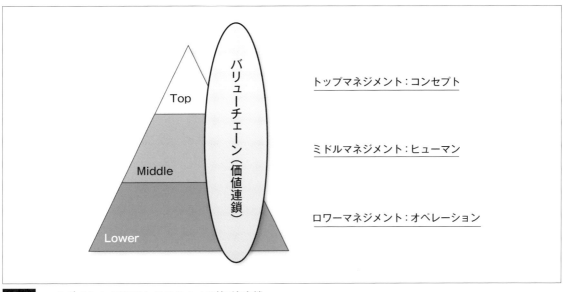

図2 マネジメントの階層とスキルおよび価値連鎖

2. マネジメントの基本理論（コンセプチュアルレベル）

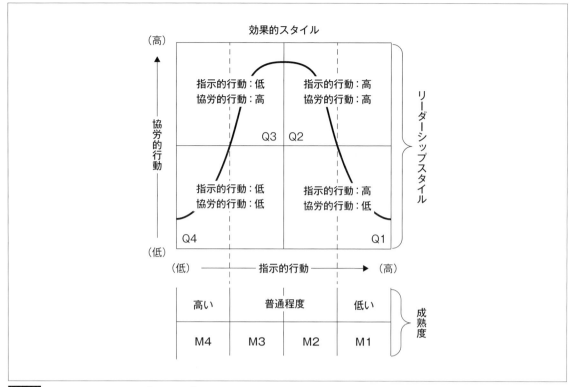

図3 SL理論によるリーダーシップスタイル

プに関する議論は、一般的な経営学の中でも早い段階から研究対象として取り組まれてきた経緯があります。20世紀はじめの頃のリーダーシップ論は、リーダーの立場に立った時にうまくリーダーシップを発揮できる人とそうでない人の違いは、生まれつきの個人的資質が要因であるという「偉人説」が注目されていました。このアプローチは、個人の性格（パーソナリティ）や外観（体格や身長）などの個人的資質を取りあげた資質論あるいは特性論と呼ばれていました。

しかしながら、このようなアプローチは当然のことながら覆されました。その理由となったのは、必ずしも優れたリーダーの外観が共通しているわけではないことや個人の性格などの特性は目にみえるものではないということでした。すなわち、リーダーシップをうまく発揮している人は資質ではなく、その行動に共通性があることがわかりはじめたからです。

このような理由から、リーダーシップ論はそれまでの資質論的なアプローチから行動面に注目したアプローチへと大きくシフトしていきました。行動論では、リーダーの普遍的な行動スタイルとして、2つの側面があることが特徴として取りあげられます。そのさきがけとなったのは、オハイオ州立大学での研究で明らかにされた2次元モデルです。この2次元モデルでは、仕事や課題を達成させるために具体的な目的を決めて仕事を分業することや作業を促進するために少々厳しい態度も示すような行動と、もう一方で、人間の感情的な部分を考慮し、意見を聞いてあげることや心配りを示すような行動の2つの側面があることを指摘しています。前者は、（仕事のための）「構造づくり」と呼ばれ、後者は「配慮」と解釈され、2次元の行動により表されました。

この理論を踏まえ、日本のリーダーシップ論においては三隅により提唱された「PM理論」がよく知られています（「PM理論」の詳細は、4.（3）スポーツリーダーシップ論を参照）。三隅は、課題達成や業績のためにはたらきかける行動をP（Performance）行動とし、集団の維持機能とな

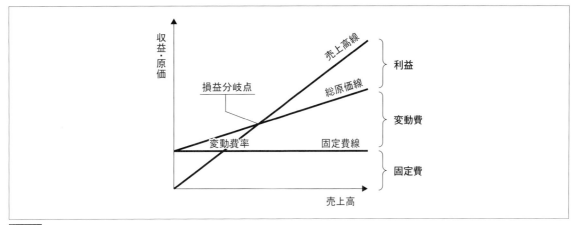

図4 損益分岐点

る行動をM（Maintenance）行動と呼び、リーダーはどちらの行動も必要であることを示しました。さらに、最も有効なリーダーシップ・スタイルとは、P行動もM行動もともに高度に行うことを強調しています。たとえば、運動部の監督の場合、強いチームに育てるために練習の時には厳しく叱咤激励する姿がいわゆるP行動としてみられるけれど、練習が終わると選手と談笑することや話を聞くことなど、選手とのコミュニケーションを図ろうとするM行動が有効に機能するものと考えられます。

その後、研究の蓄積が進むにつれて、最善のリーダーシップ・スタイルとは、リーダーの置かれた状況（環境条件や組織の成熟度など）によって異なるという考え方がより現実的であることが取りあげられるようになります。その1つがP.ハーシーとブランチャードのSL理論（シチュエーショナル・リーダーシップ）です。SL理論は、状況要因を集団の「成熟度」ととらえ、図3に示すように「成熟度」の状況によって効果的なリーダーシップ・スタイルがあることを強調しています。

運動部のような競技スポーツ集団においては、シーズンを終えて選手が引退し、次のシーズンに向けて新たなチーム体制でスタートする段階ではチームとしての成熟度は低い状況が想定されますが、そこからシーズンを戦い抜いていく中で組織の成熟度も高まる場合が多く見受けられます。1つのチームであっても、その状況に応じたリーダーシップ行動が求められるとともに、今後も実践的なリーダーシップ研究が重要なカギを握るものといえましょう。

組織の存続と成長

組織をマネジメントするためには、理想ばかりを追い求めても決してうまくいくとは限りません。その前提となるコンセプチュアルな課題として、組織を継続的に維持することや将来的な成長をめざすことが重要です。最も基本的な条件となるのは、人やお金、施設などの資源をいかに有効に活用し、やりくりするのかということです。

損益分岐点分析（図4）は、その代表的な手法として取りあげることができます。ここでは、組織のコスト構造を固定費と変動費に分けてとらえるところからはじめ、費用と売上高が一致する点が損益分岐点となります。つまり、組織が赤字にならないために売上高を確保することや費用をどのようにやりくりするのかということを計画的に考えることが重要です。

当然のことながら、ビジネスとして存続していくためには利益の部分をどれだけ大きくすることができるかということが課題になりますが、組織としての基本的なスタンスとして、身の丈にあった組織運営が求められるとともに、継続的に維持するためには組織の成長も不可欠なものとなります。組織をマネジメントするためには、このような視点も踏まえ、取り組むことが求められます。

5 マネジメントとマーケティング論

マーケティングは、一般的に様々な目的や目標を有する組織が、その対象となる人々（消費者）に効果的にはたらきかけるための活動の総称です。ビジネスにおいては、その成否が組織の安定化や成長を大きく左右し、その分野の最も主要な活動の1つに位置づけられます。一方で、必ずしも経済的な価値に直接結びつかない非営利の領域においても、近年はマーケティングの考え方やその技法が注目されるようになっています。当然のことながら、今日のスポーツマネジメントの様々な領域においても、その重要性は急速に増大しているといっても過言ではありません。

ここではその最も基本的な考え方と、その仕組みと技法について整理をしてみます。

マーケティングの基本的な仕組み

1 「マーケット」と「マーケティング」

マーケットという言葉から、多くの人はおそらくは日常的な「スーパーマーケット」が連想されましょうか。そのスーパーマーケットも一般的には「スーパー」と呼ばれることが多く、「マーケット」は、やや馴染みがない傾向にあるのかもしれません。すぐに思い浮かぶとすれば、テレビなどのニュースの中での「マーケット情報」かもしれません。その場合には「円安・ドル高」や「株価の上昇や下落」などに特化されて受け止められているのかもしれません。

しかしながら、このマーケットという言葉に対してもう少し踏み込んでみますと、スーパーマーケットでは買い物をし、欲しいものに対してそれに見合ったお金を払います。お金と物を交換しているととらえることもできましょう。一方、円とドルやその時点の株式価格も、お互いが納得をする範囲での交換（取引）をしていると考えることができましょう。すなわち、マーケットというのは、買い物をはじめとする、様々な「交換を成立

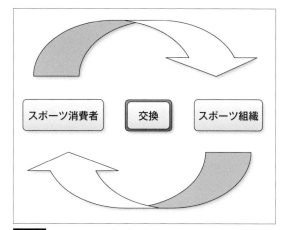

図1 スポーツにおける交換関係

させる場」を示しているのです。

そのような意味から、交換の場としてのマーケットを整備・充実させるとともに、そのマーケットでの「実りのある交換」がなるべく多く成立するように、効果的にはたらきかけることの総称がマーケティングなのです。

2 「交換」の仕組み

マーケット（市場）でのそのような交換は、古くは「モノとモノ（物々交換）」や「お金とモノ」、「お金とサービス」をはじめ、「情報交換」や「影響交換」などのように、広く双方の様々な価値に見合った交換を含んでいます。ビジネスの分野だけではなく、非営利の様々な分野・領域での活動においても"Win-Win"と表現されるような、お互いにいい結果をもたらすような交換の実現が期待されているのです。

スポーツにおいても、同様に考えることができましょう。図1は、スポーツやスポーツ関連のサービスや製品を提供する組織と、実際に参加をする人やお金を払ってスポーツ関連の製品やサービスを購入する人々との基本的な交換の関係を示しています。

ここでは経済的な価値としての、お金を払うか

表1 ニーズの深さと広がり

		主体的ニーズ （趣味・好み）	環境ニーズ （活動条件）	社会的ニーズ （制度・政策）	業務ニーズ （仕事・活動）
潜在的	Attention （認知）			子供の体力 （子供）	
	Interest （意識、関心）		総合型地域 スポーツクラブの対 象住民	スクールジャージ	
顕在的	Desire （要求、意欲）				
	Memory （記憶、態度）				子供の体力 （教師、保護者）
	Action （消費、行動）	運動部員	急な雨での傘	総合型地域 スポーツクラブ の主催者	

払わないかにかかわらず、対象となる人々を広く「スポーツ消費者」として位置づけています。

たとえば、あるフィットネスクラブにおいて、様々な特性の各会員に対して、きめ細かく配慮をしたバラエティ豊かなプログラムを展開し、また、おもてなし豊かな対応が実現したとすれば、多くの会員が集まってくるでしょう。また、多くの会員が定着をすることでしょう。その結果、クラブの経営がしっかりと安定をすることにつながります。また、各会員の満足度や笑顔とともに、各プログラムの担当者やクラブのスタッフのモチベーションもさらに上昇することが予想されます。このような双方での好ましい価値交換はイメージしやすい例となりましょう。

また、地域での子供スポーツにおいても、ボランティア組織の指導者が、粘り強く、わかりやすく指導・支援を継続しているとしましょう。徐々に子供たちが上達や成長をし、自信に満ちた様子に変化をしたとすれば、子供たちはもちろんですがその保護者や家族、そして、そこでの関係者一同もいい知れぬ充実感を感じるという"Win-Win"の関係が理解されることでしょう。

これらの例のようにマーケティングにおいては、お互いの「価値交換＝満足の交換」が原点となっているのです。

3 「ニーズ」とは

ニーズという言葉は、心理学をはじめとする各分野で各様に解釈をされているようですが、マーケティングでの基本的な意味は、欠乏や必要性などからくる欲求のことを指します。その必要性や欲求は、人々の状況や価値観などによって一様ではありません。その人その人の価値観に負うところが大きいのですが、マーケティングにおいては、そのような複雑なニーズと提供する製品やサービスとをどのようにマッチングをさせて、交換をさせていくのかが問われることとなります。

さて、そのようなニーズには深さと広がりの二方向を組み合わせて理解をすることが求められましょう。**表1**はその関係を示しています。まずは縦の方向ですが、その製品やサービスに対する認知行動過程を示すAIDMA（アイドマ）の過程です。すなわち、Attention（認知）－Interest（意識）－Desire（要求）－Memory（記憶）－Action（消費）のように、ニーズの強さや深さの段階を示しています。また、横方向はそのニーズが何によって引き起こされるかの特性を示しています。一般的には、消費者の好みや趣味などの主体的ニーズだけにはとどめないで、広く理解をしておく必要があります。

つまり、表にあるような、環境ニーズや、制度などからくる政策的なニーズ、仕事からくる業務

ニーズなどです。たとえば、急な雨などのような
環境の変化により、急きょ、コンビニなどでビニー
ル傘を買わなければならなくなる場合も、主体的
な好みではなくても、その条件下では不可欠な
ニーズとなります。また自らの好みではなくても、
学校などで指定されたスクールジャージを買わな
ければならない状況の場合では、制度からくる
ニーズというように理解をしておくことが必要と
なります。

　すなわち、消費者（スポーツの対象者）がどの
ような性質の状況で生じるニーズであり、どのよ
うな深さや強さのニーズであるのかについて、そ
の広がりと深さを十分に理解して対応していくこ
とが求められているのです。

マーケティングミックス

　マーケットとは交換の場であり、マーケティン
グはそこでの交換が活発に、そして有意義に成立
させるためのはたらきかけの総称でした。ここで
はマーケティングの基本的な仕組みづくりについ
て整理をしておきます。

　マーケティングの仕組みをつくる材料は、マー
ケティングミックスと呼ばれています。次の**表2**
は、特に「モノ製品の4P」といわれる最も基本
的な条件を示しています。スポーツはもちろんで
すが、一般的な製品やサービスのためのマーケ
ティングを計画し展開をする場合には、基本的に
これらの条件を十分に検討し、製品やサービスの
対象者に応じた最適な条件の組み合わせを描いて
おくことが必要となります。いわば、対象となる
人々にとって「欲しいもの（Product）」が、「欲
しい場所（Place）」で、「欲しい値段（Price）」
で提供できるようにということです。さらに「わ
かりやすい情報発信（Promotion）」のための条
件を整えるという仕組みづくりが求められている
のです。

　このような4Pの条件はマーケティングにおい
ては最も基本をなすものなのですが、さらに「サー
ビス製品」の場合の特殊性に注目することも重要
となります。特にスポーツマネジメントにおける
マーケティングの場合には、一部のスポーツ用品

表2 マーケティングの基本の4P

Product ────────	製品、サービス
Price ────────	価格、値段
Place ────────	場所、流通
Promotion ────────	プロモーション活動

表3 サービスのさらなる4P

Physical Evidence ───	物的証拠
Process ────────	プロセス特性
Personnel ────────	担当者特性
Participant ────────	参加者特性

基本の4P　＋　サービスの4P
↓
サービスマーケティングの8P

やウェアなどを除いては、そのほとんどが「モノ」
ではなく「サービス製品」としての扱いが求めら
れます。たとえば、スポーツやダンスのレッスン、
エクササイズ、スポーツ観戦などは、一般のモノ
製品とは異なる特殊性があります。まず、手で触
ることや目で形を確認することができません（無
形性）。つくり置きをして保存をすることができ
ません（消滅性）。また、交換には人が介在をす
るとともに、ある程度の時間を要します（非分離
性、プロセス性）。このような特殊性から、サー
ビス製品の場合には、一般的な4Pのミックスに
加えて、さらに次のようなマーケティングミック
スが重要となります。**表3**はサービス製品の場合
において、さらに考慮すべき4Pを示しています。

　まずはPhysical Evidence（物的証拠）です。サー
ビス製品は目にはみえにくく、形がないものです
から、いかに可視化してそのサービスをわかりや
すくするかの工夫が相当します。一般的にはロゴ
マークや標識・看板、ユニホームなどのように、
そこでのサービスを視覚的にわかりやすく訴えか
けることを指しています。

　スポーツの場合でも基本的には同様に考えるこ
とができます。スポーツの場合では、さらにスイ
ミングスクールの認定証などの例に注目をしてお
くことも重要となりましょう。この場合には、泳

ぎがうまくできて合格をしただけでも、子供たち
は相当に嬉しいのですが、さらに形のある認定証
を準備し、そこに心を込めて一言を添えるなどの
対応が、子供たちや家族にストレートに伝わり、
満足度を一層高めることでしょう。この例のよう
に、ささやかではあっても、スポーツサービスの
マーケティングにおいては、しっかりと目にみえ
る「物的証拠」としての工夫をすることに、実は
重要な意味が含まれているのです。

次にProcess（プロセス）です。サービスの場
合ではモノ製品のように、交換が瞬間で終わるの
ではなく、ある手順や一定の時間経過をとおして
行われるという特性に着目をする必要がありま
す。たとえばフードサービス業であるファスト
フード店などの人気は、当然のことながら本来の
「おいしさ」とともに、自分の注文から受け取り
までの時間（待ち時間）を効率化するというプロ
セスの工夫から生まれたものともいえましょう。
また、有名なテーマパークなどでは、人気のアト
ラクションを待つ行列が常にできますが、この待
ち時間からすでにストーリーがはじまるように演
出をし、待ち時間を忘れることによって、さらに
人気が高まることもあります。これもプロセスの
工夫の例となりましょう。

スポーツの場合では、レッスンの進め方にオリ
ジナルな工夫を導入し、あるいは施設やプログラ
ム利用のための、わかりやすくて効果的な導線を
示して利用者の満足度を高めることなども、プロ
セスの工夫として理解をすることができましょ
う。

次に、Personnel（担当者）とParticipant（参
加者）ですが、これはサービスづくりでの人に関
する特性とその活用です。実は、マーケティング
という視点では、サービス製品は人と人との間
（サービスエンカウンター）で生成され、あるい
は共同でつくりあげるという発想が前提になって
います。サービスを受ける側（消費者）の需要サ
イドと、サービスを提供する側の供給サイドとの
コラボレーションが基本となります。

そのような前提において、需要サイドの人は
Participant（参加者）であり、マーケティングの

対象者や消費者としてどのような人で、何を求め
て、どのような行動傾向にあるのかを理解をする
ことからマーケティングははじまります。さらに、
参加者からどのような協力が得られる可能性があ
るのか、あるいは場合によっては、どのような規
制が必要であるのかを把握し、参加者の特性を十
分に活用した効果的な仕組みづくりが期待されて
います。

スポーツの場合では、各スポーツクラブの会員
の特性に各サービスを適合させる工夫や、逆に効
果的な協力を依頼する場合などが相当します。ま
た、スポーツ観戦での入場者もParticipantであり、
満足度を高めるためのサービスづくりとともに、
入場者・観戦者と一体になったサービスづくりに
も大きな期待が寄せられているのです。

一方、サービスの供給サイドの人はPersonnel
（担当者）であり、人と人とでつくりあげるサー
ビスの場面でのキーパーソンとなります。フォー
マルなきちんとした対応とともに、状況に応じた
人間味のある対応がそこでのサービスのクオリ
ティを左右することはいうまでもありません。

スポーツの場合では、たとえば子供たちのため
のプログラムにおいては、基本的にどのような対
応が必要であり、どのようなパーソナリティの担
当者がふさわしいかが問われることとなりましょ
う。また、女性の場合や高齢者の場合などのよう
に、それぞれの特性を有するParticipant（参加者）
に応じたPersonnel（担当者）のより効果的なマッ
チングのあり方がさらに追及されていくことで
しょう。

スポーツのサービスマーケティングにおいて
も、これらの最大8つのマーケティングミックス
を想定し、そこでの特性や状況に応じて効果的な
選択と組み合わせがなされます。ある場合には
2P、あるいは6Pなどのように、状況に応じた効
果的なマーケティングミックスの選択がなされ
て、仕組みづくりが進められていくのです。

マーケットセグメンテーション

マーケティングを展開する場合には、その対象
となるマーケット（市場）の特性を十分に踏まえ

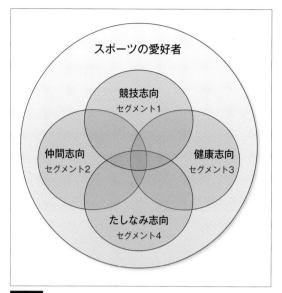

図2 スポーツ愛好者のセグメンテーション

て対応することが求められています。特にマーケット全体を効果的に把握するためには、さらにもう一歩踏み込んで、対象となる人々をさらに細分化をして、その基本的なニーズとその規模における各グループの特性を理解しておく必要があります。そのような市場細分化の手続きはマーケットセグメンテーションと呼ばれています。

図2は、市場細分化の理解を促すために、一般的なスポーツ愛好者の基本的なセグメンテーションを想定しています。実際には、対象とする地域や年代によっては微妙に異なるものと思われますが、図のような4つのセグメントを想定しました。

大きくは全体的な「スポーツ愛好者」であり、様々な角度からスポーツマネジメントやスポーツマーケティングの中心的な対象者（あるいはマーケット）となりましょう。またそれぞれの志向は、必ずしも完全独立ではなく、重なり合う部分も少なくはないという理解も必要になります。

まずは典型的なSegment1としての「競技志向」です。スポーツのもつ最も本質的な「勝利をめざして喜びを味わう」というわかりやすいセグメントとなりましょう。まさにオリンピックやワールドカップでの日本代表への応援などは典型的な例となりましょう。

Segment2は、スポーツを楽しむことはもちろんですが、むしろそこでの「仲間関係」が重要なニーズであり、主婦や高齢者などの生活に根差したプログラムにおいては重要なセグメントとなりましょう。スポーツと仲間の比重を十分に理解しておくことも重要となるでしょう。

Segment3は、現代の社会の健康志向の状況での中心的な対象者となります。スポーツ活動も楽しむし、仲間とも活動をするのですが、中心的なニーズはあくまでも「健康な生活」という理解が必要となります。

Segment4は、今後さらに拡大してほしい対象かもしれません。典型的なのは、子育てが一段落して、自分自身のための時間に余裕が生まれたお母さんが、以前からの念願であったクラシックバレエやテニスを日常の生活でたしなもうとする意欲のある人々です。カルチャースクールでのこれらのレッスンはかなり盛況な状況でもあるようです。このような例は、スポーツやダンスの活動だけではなく、その活動の根底にある「文化や教養をたしなむ生活」を基本ニーズとしたセグメントとして理解をすることができましょう。

これまでのスポーツマネジメントやマーケティングにおいては、スポーツに深くかかわってきた人々を中心に、さらに今後もスポーツに深くかかわろうとする人々を主たる対象として、スポーツの方法やマネジメントが開発されてきた経緯があります。今後もスポーツマーケティングの中心的なセグメントであることには変わりはありません。しかしながら一方では、現在および将来のよりフラットなスポーツマーケットのセグメンテーションを原点とした、新たなニーズをも含めた、より広範囲なスポーツマーケティングにも大きな期待がかかっているのではないでしょうか。

マーケティング戦略

スポーツを中心とするサービスマーケティングの考え方や仕組みについて、おおよその理解とその実際的なイメージが形成されたことでしょう。ここでは、様々なマーケット対象とマーケティングとしてのはたらきかけおよび製品やサービスの動的な状況とマーケティングについて、基本的な

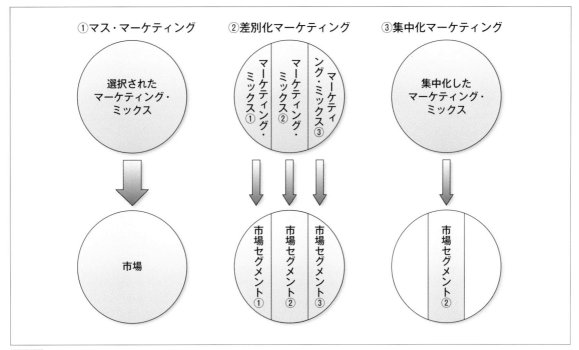

図3 ターゲットとマーケティング戦略

戦略と関連づけて整理をしておきたいと思います。

1 ターゲットマーケティング

マーケットの特性や規模はマーケットセグメンテーションによって抽出され、主たる対象としてのターゲットとなります。図3は、そのようなターゲットへの対応を示すマーケティングの基本的なアプローチを示しています。

マスマーケティングとは、全体を1つのセグメントとして、共通のマーケティングミックスを駆使してアプローチする方法です。対象者を特定しないで、全ての人々に広くメッセージを流す方法です。様々な人々が多く行き来する場所に看板やポスター、あるいは様々な人々が同時にみる時間帯でのテレビのコマーシャルなどが相当します。

差別化マーケティングとは、それぞれのセグメントに対応したピンポイントな情報の提供と的確なフォローをきめ細かく選択し、実行していく方法となります。たとえば、多様なニーズの人々が集まるフィットネスクラブにおいて、スタジオプログラム志向の人々に対しては、専用のわかりやすいパンフレットを提供し、専門の担当者が丁寧に説明をすることとし、同様にトレーニングジム志向の人々に、高齢者プログラム志向の人々にというように、それぞれの対象者にきめ細かな対応に努めることが相当します。

集中化マーケティングとは、抽出された複数のセグメントの中から、1つの主要なセグメントを選定し、集中的にはたらきかけて対応する方法です。地域スポーツの振興の場合では、様々な住民の中から、その年度は対象を特に子供たちに集中させて、様々なイベントやプログラムを展開する場合などは典型的な例となりましょう。

様々な対象者を広く視野に入れるとともに、有力なセグメントを明確にし、そのセグメントに的確に対応したはたらきかけは、ターゲットマーケティングとして最も基本的な1つの方法となります。

2 製品のライフサイクルとマーケティング

数々の製品やサービスにもブームや流行があり、その人気や売りあげは流動します。一部のロングラン製品を除いては、基本的には図4のようなライフサイクルを描きます。製品やサービスが新規にマーケットに投入されると導入期に入りま

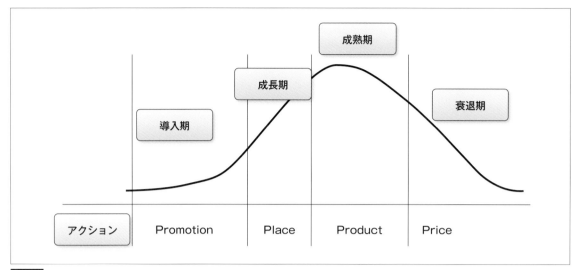

図4 製品のライフサイクルとマーケティングミックス（4P）

す。その後、順調に売りあげを伸ばして成長期に入ります。そして次第にピークを迎えて成熟期となります。その後は衰退期に入り、いつの日か人々に忘れ去られて、マーケットから消えていく場合が多くみられます。この一連の基本サイクルが、製品やサービスのライフサイクルと呼ばれています。

　各サイクルの段階では、それぞれの段階での特徴的で効果的なマーケティングのはたらきかけが求められましょう。図の例は、あくまでも基本的な考えであり、実際には様々なバリエーションもみられますが、次のようにマーケティング・アクションを位置づけることができましょう。

　導入期においては、広く新製品を知ってもらわなければなりません。そのためのPromotionが中心的なアクションになります。その後、徐々に売りあげを伸ばしはじめた成長期においては、さらに交換が活発になるように（売れるように）Placeとしてのアクションが求められます。なお、ここでのPlaceとは、売り場を増やすだけではなく、消費者が「買いやすい」と思う多くの条件をも含みますから、ネットによる注文方式や様々な支払いやすい条件を用意することも含まれます。

　また、売りあげがピークに達して、成熟期を迎えるころには、Productの見直しが必要になるかもしれません。さらに色などのバリエーションを

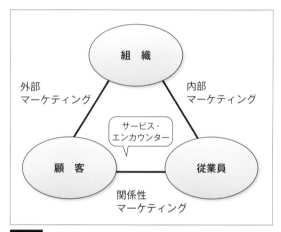

図5 サービスのトライアングル

追加したり、新たな機能を追加したりするアクションが求められましょう。また、成熟期を過ぎて衰退期としての兆候が出はじめた時には、さらにPriceの条件（値下げなど）の工夫をするアクションが想定されましょう。

　この例のように、マーケットにおける自分たちの製品やサービスの特性や置かれている動的な状況に対応させて、的確なアクションを選択し、効果的に対応させていくことが求められています。

マーケティングのための組織観

　マーケティングは、マーケットで成立する様々な交換のための仕組みづくりやアクションが中心

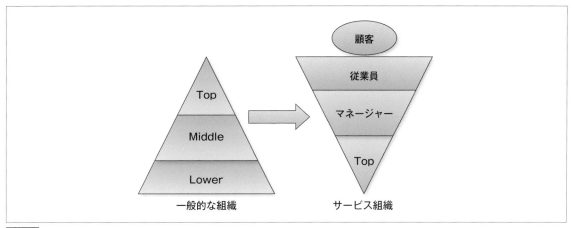

図6 サービスの逆ピラミッド

となりますが、一方で、スポーツをはじめとするサービスのマーケティングのための組織的な下支えも不可欠です。ここではマーケティングのための基本的な組織観について整理をしてみます。

1 サービスのトライアングル

スポーツをはじめとするサービス製品は、他のモノ製品の場合とは異なり、どのような仕組みで生み出され、その背景にどのような特徴があるのかについての基本的な理解が必要となります。図5はサービスのトライアングルと呼ばれる、その関係を示しています。

まずサービスは、顧客が従業員に注文をし、従業員がその注文や期待に応えてサービスづくりを展開します。この顧客と従業員との交換を「関係性マーケティング」としてとらえますが、最も現実的な「交換」が展開される場であり、サービスマーケティングの原点であるといっても過言ではありません。そのような接点は「サービス・エンカウンター」となります。

組織と顧客は、組織のプロモーション活動や店舗展開などのはたらきかけに応じてその場に参加をし、料金を支払います。この関係が「外部マーケティング」であり、「一般的な交換」に相当します。

組織と従業員は、組織が仕事上の要求を従業員に伝達し、従業員はこの組織のルールを前提にして、顧客との「サービスづくり」を担います。まさにサービスづくりのキーパーソンとなります。

そのような意味では、組織は「第2の顧客」として、最前線の従業員をサポートすることが基本となります。この関係は「内部マーケティング」といわれますが、顧客とともに組織内部のスタッフ（従業員）に対する細心の心配りが必要であることを示しています。実はスポーツをはじめとするサービス製品のクオリティを支える重要な組織観の1つでもあるのです。

2 サービスの逆ピラミッド

一般的な組織には階層があります。Top-Middle-Lowerの階層は情報伝達の効率や権限の明確化などの上では有利な部分も少なくはありません。しかしながら、サービスのマーケティングを展開するためには大きな発想の転換も必要になりましょう。すなわちサービスの生成は、最前線のマーケットでの顧客と、担当をするスタッフの相互の交渉や交換によってなされるという基本的な仕組みが前提でした。図6は、情報伝達や意思決定のスピードを使命とする一般的な組織と、望まれるサービス組織との基本的な組織観の違いを示しています。

サービスマーケティングにおける「顧客ファースト」や、スポーツにおける「アスリートファースト」は、最も重要なテーマとなっています。様々なマーケティングの発想や技法を支える、そのような「逆ピラミッドの組織観」こそが、実はスポーツマーケティングや関連のサービスマーケティングのスタートラインでもあるのです。

コラム-3　スポーツの集団や組織は遅れている？

　近年、大学運動部を対象とした組織機能研究において、競技スポーツ集団としての組織機能（一般の組織と同等の機能）が検討されはじめています（八丁，2014）。本書の「マネジメントの基本理論」でくわしく取り上げていますが、この研究では、ドラッカーの組織機能に依拠し、女子体育大学の4つの運動部における組織機能の抽出を試みています。その結果、抽出された因子は「チームの輪」や「目標」などのような、通常の実体的な活動を示す因子として浮上するだけであって、下の図に示すように、必ずしもドラッカーの提唱する組織機能を明確には抽出をすることができなかったのです。

　このように、対象となった大学運動部においては、明確ではない組織機能ですが、一般的な経営組織である企業などでは、組織機能が業績アップや安定した会社経営にとって、真に有効に機能しているのでしょうか？

　一方で、本書でも紹介をした大学野球部を対象とした同様の研究では、組織機能がより具体的で明確な組織機能因子として抽出されていました。対象となった大学野球部は、これまでに大学日本一を達成し、常に全国上位レベルの成績を修めているチームであり、単なる運動部というよりは高度な競技スポーツ集団として極めて密度や機能が濃い集団であったからこのような結果になったのかもしれません。言い換えれば、従来から先進的であると思われてきた企業組織においては、その機能が必ずしも十分ではないからこそ、今なお、ドラッカーのそのような機能が支持されるのであって、実際にはその機能はまだ十分ではないのかもしれません。

　その意味では、高い目標と完成度の高い競技スポーツ集団においてのみ、その機能が確認されたという事実から、実は競技スポーツ集団のほうが先進的なのかもしれません。近いうちに競技スポーツ集団で培われた新たな組織機能が、企業などの一般的な組織に援用されるケースが多くなるのではないかと、私たちは夢をみはじめているのですが…。

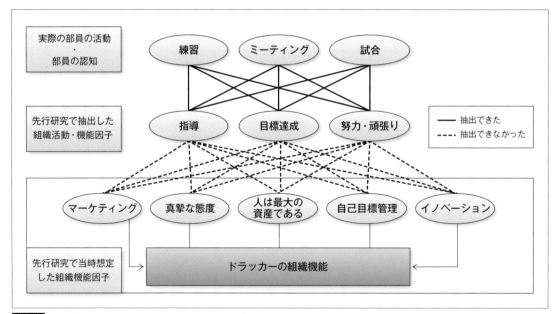

図　女子体育大学の4運動部における組織機能分析（八丁ら，2014）

第3章

マネジメント理論とスポーツマネジメント

（アクチュアルレベル）

1．スポーツプロダクト

2．スポーツ事業論と運動生活
　①スポーツ事業論（C.S.、P.S.、A.S.）
　②運動生活
　③各スポーツ事業の特色とマネジメント

3．スポーツリーダーシップ

4．スポーツマーケティング

5．スポーツ政策

1 スポーツプロダクト

これまで、一般的な経営学におけるマネジメント理論について紹介してきましたが、スポーツマネジメントの世界では、「スポーツ」という固有な対象を扱うという特徴があります。この章では、様々なスポーツの場面におけるマネジメントのはたらきかけについて取りあげながら、より実体的なレベル（アクチュアルレベル）のスポーツマネジメントについて理解していきましょう。

■ Mullinのスポーツプロダクト論

モノやサービスなどのあらゆる「製品（プロダクト）」についてのとらえ方は、前述したコトラー（2000）の製品概念のような基本的な仕組みや意味の理解が不可欠です。当然のことながら、スポーツプロダクトにおいても「製品（プロダクト）」の基本的な理解が必要となりますが、もう一方では、スポーツという固有の対象に一歩踏み込んでスポーツの特殊性を理解したプロダクトの検討やマーケティング戦略の工夫が重要となります。それはすなわち、前章で書かれている理念的（コンセプチュアルモデル）なレベルの理論をより実体的（アクチュアルモデル）な対象に適合させることを意味しています。また、実際にスポーツサービスを提供する場面では、スポーツ種目による違いやそこに集まる人々の特徴に対応した、よりきめ細やかなスポーツサービスの提供が求められます。

たとえば、テニスウェアやスキーウェアがワイシャツやスカートなどと同様の発想で企画、生産され販売されたとしたら、果たして売れるのでしょうか。また、ゴルフのレッスンがピアノやお絵かき教室のようなレッスンと同じように展開されたとしたら、人々の満足感や達成感はどのようになるでしょうか。これらの例では、それぞれの中核ベネフィットが明らかに異なることやプロダクト構造の各要素が別物であることが容易に想像

できることでしょう。

スポーツプロダクトは、「するスポーツ」にしても「みるスポーツ」においてもモノではなく、活動やサービスなどの目にみえない（無形性）製品であることが特徴となります。そのため、人々がスポーツに求める多様なベネフィットを考慮し、スポーツのもつ魅力や効果を中心に位置づけたプロダクト構成の確立が必要なのです。

アメリカのスポーツマネジメント研究者であるMullinら（2000）は、「するスポーツ」（Participant Sports）や「みるスポーツ」（Spectator Sports）をはじめ、競技スポーツから健康スポーツなどの様々なスポーツを想定しながらスポーツのもつ固有性や特殊性に着目したスポーツプロダクトの構造化を提唱しています（図1）。

このプロダクト構造では、「中核ベネフィット」にスポーツやスポーツ活動によってもたらされる「健康」や「エンターテインメント」、「社交」、「達成」などのスポーツの分野の特色となるベネフィットを位置づけることの重要性を強調しています。これらの中核ベネフィットを実現させるものが「ゲーム」、「ルール」、「プレイ」などのスポーツのもつ特性であり、「一般的なスポーツの形態」として具体的な要素を示しています。

さらに、スポーツにはサッカーや野球、テニスなどのように様々な種目があり、それらのスポーツ種目による多彩な魅力や醍醐味が存在するとともに、その扱い方には非常に繊細な部分や慎重さを要する側面ももち合わせています。Mullinは、このような特殊性を「個別なスポーツの形態」としてとらえ、それらのスポーツの魅力をベネフィットに反映させた効果的なプロダクト構造の必要性を示しています。

また、これらのスポーツプロダクトの構成に加えて、対象となるスポーツ消費者にふさわしいマーケティングミックスを有効に活用することを

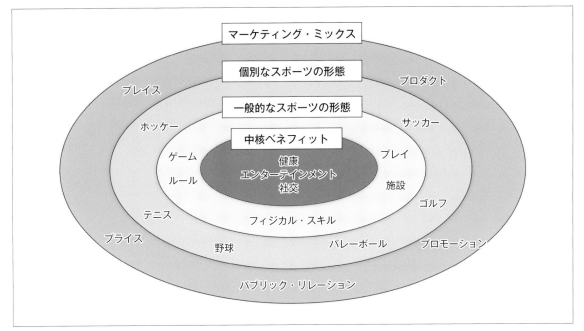

図1 スポーツプロダクトの特徴的な構造 （Mullin et al., 2000）

提示しています。これは、いかに完成度の高いスポーツプロダクトを練りあげたとしても、消費者に提供する段階でのプロモーションやプロセスが整っていなければ効果的なベネフィットは期待できないことを意味しています。

人々がスポーツやスポーツ活動から得られる価値やベネフィットは必ずしも同一のものではなく、それぞれの期待感や満足感を想定したスポーツプロダクトの提供が求められます。多様なスポーツベネフィットを理解することやそのようなベネフィットを明確にとらえたスポーツプロダクトの検討こそ、スポーツに一歩踏み込んだ真のプロダクトマネジメントになるといえましょう。

するスポーツ（楽しさ）の中核ベネフィット

ここでは、前述のスポーツプロダクトの基本理論を踏まえて、人々のベネフィットに効果的に機能するスポーツプロダクトの開発やより実践的な（テクニカルモデル）レベルでのスポーツプロダクトのあり方を視野に入れながら、具体的な中核ベネフィットを取りあげて考えてみましょう。

スポーツは本来、「プレイ（遊び）」の要素を含んだ身体的活動です。ユネスコの下部組織である「体育・スポーツ国際会議」が1968（昭和43）年に採択した「スポーツ宣言」では、スポーツを「プレイの性格をもち、自分自身や他人との競争、あるいは自然への挑戦を含むあらゆる身体活動」と定義しています。この「スポーツ宣言」にみられるように、スポーツを広い意味で解釈し、人々のライフスタイルの一部としてスポーツの普及、振興を図ることもスポーツマネジメントの基本的な課題となっています。では、人々にスポーツを普及するためにどのようなはたらきかけが必要なのでしょうか。

最も基本となることは、人々がスポーツの楽しさや魅力を味わいその恩恵を実感し、生涯にわたってスポーツに親しむことです。そのためには、人々にスポーツをする楽しさを味わってもらうことやスポーツをしたいと思う欲求の仕組みを理解することが大きな手がかりを与えてくれます。このような欲求の仕組みを理解するためのヒントとなるのが、「マズローの欲求階層論」です（マズロー，1943）。

図2は、マズローの欲求階層論を示しています。この図のように、人間の欲求は5つの階層で構成

され、心理的な発達に伴って欲求の数・種類・重要度が高まると考えられています。まず、人間が生まれながらにもっているのは生きるために必要な食欲や睡眠欲などを表す「生理的欲求」です。この「生理的欲求」が満たされると、その状況を安定的に維持することを求める「安全の欲求」へと発展します。生活が安定的に維持されると次に出てくるのは、周りの人とのかかわりや帰属意識となる「愛情の欲求」となります。さらには集団の中で自分の存在を認めて欲しい、周りから褒められたいと思う「尊厳の欲求」へと発展し、その欲求が満たされると自己の成長やなりたい自分像をめざす「自己実現の欲求」へと欲求の階層が高次元へと移行するものであると考えられています。

スポーツに対するニーズやウォンツもマズローの欲求階層論と同様に人々の欲求レベルによりその段階を理解することができます。表1は、マズローの欲求階層論と人々のスポーツに対する欲求レベルを示しています。はじめの一歩は、スポーツをやってみたいと思う段階で、たとえばプロスポーツ選手にあこがれたことがきっかけになることや運動不足な体を気遣うことで取り組む場合もあるかもしれません。たとえば、そこでランニングをはじめた場合、無理なく継続的に続けているうちに一緒に走る仲間が欲しくなることやクラブに所属して走り方を学びたいと思うようになり、大会に出場して自分の力を試してみたいというような欲求へと発展していくことが想定されます。

スポーツを指導する立場からそれぞれの欲求階層におけるスポーツの楽しさを考えてみると、ランニングをはじめたばかりの段階で走り方の指導や目標記録を提示しても対象者はあまりイメージができない状況です。この段階では、さわやかな風を受けながら走ることの楽しさや爽快感を感じることや継続的に取り組むことで体が軽くなり体力がついたことを実感できるようなベネフィットが有効であるといえます。

するスポーツにおけるスポーツプロダクトを考えるためには、スポーツをする人に最大の焦点を

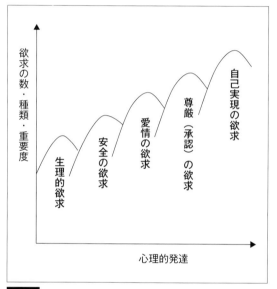

図2 マズローの欲求階層論

表1 マズローの欲求階層論とスポーツの欲求レベル

	マズローの欲求階層論	スポーツの欲求のレベル
自己実現の欲求	自己の成長や発展を求める （自己への挑戦・創造）	自己ベストを出したい 自分の限界に挑戦したい
尊厳の欲求	周囲からの承認や尊厳を求める （独立・地位・名声）	周りの人よりもうまくなりたい ・賞賛されたい
愛情の欲求	集団に所属し愛情を求める （所属・容認・愛情）	仲間が欲しい クラブに所属したい
安全の欲求	安全な生活を安定的に維持する （身体の安全・安定）	楽しいから続けてみたい
生理的欲求	生きるために必要な条件 （生存・食欲・睡眠欲）	スポーツをする・やってみる

当て、どのようなことにスポーツの楽しさを感じることができるのかということを知ることが重要です。すなわち、スポーツに対する欲求がどの段階であるのかということを理解し、その状況に対応することができれば満足度が高まるとともにスポーツを楽しいと実感することになるでしょう。

このようにスポーツプロダクトを考案するためには人を知ることが必要不可欠なことですが、さらに個別な人々への対応を可能にするためには、全ての人に楽しさを提供することが求められます。すなわち、スポーツに対してあまり積極的ではない人へのアプローチです。スポーツをするにはある程度の技能や体力が必要であることはいうまでもありませんが、場合によってはそのような条件が整わなければスポーツを楽しむことはできないと思われてしまうかもしれません。特にスポーツに苦手意識をもっている人にとっては、敷居が高いと感じられていることも考えられます。

図3は、心理学者のチクセントミハイ（1996）が提唱するフローモデルを示しています。フロー理論とは、人間がフロー（Flow）という経験をとおして成長していく過程を理論化したモデルであり、自己の没入感覚を伴う楽しさや満足感の経験をする際にフロー状態にあると定義しています。そして人間はフローを繰り返し経験することによって、その活動を遂行するための能力を身につけていくといわれています。

スポーツの場面に置き換えてみると、スポーツを実践した際に夢中になっていることや熱中する状態がいわゆるフロー体験であり、何度も繰り返し経験することによってスポーツに没頭していくことになるのでしょう。

チクセントミハイはこのフロー状態を「行為の機会」と「行為の能力（技能）」がまさに比例している時に実感されるものであると定義しています。

たとえば、スキーを初めて滑る人がスキー板の装着の仕方もままならない状態でリフトに乗せられコースに連れて行かれるとしたら、どのような心理状況になるでしょうか。当然のことながら、滑ることへの恐怖心や不安感が高まることは容易

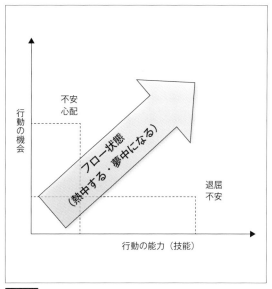

図3 チクセントミハイのフローモデル

に想像できます。初心者であれば、まずはスキー板の操作の仕方やエッジの使い方などを理解して、基本的な滑り方を体験することによりスキーの楽しさを少しずつ感じることができます。

一方で、スキー上級者であれば、緩斜面で滑るよりも山頂から風を切ってハイスピードで滑り降りることが興奮であり、楽しさを実感することでしょう。このように、スキーを楽しむことにもその人の能力（技能）に合わせた楽しみ方があり、その能力（技能）に対応した課題に挑戦することによりスポーツの醍醐味を味わうことが可能となるのです。つまり、対象者の能力（技能）に適切な課題（行為の機会）を与えることによって、スポーツに没頭するフロー状態を引き出すことにつながるのです。

あらゆる人々にスポーツの楽しさを伝えることやスポーツの恩恵を感じてもらうためには、まさにこれらの中核ベネフィットに的確にアプローチをすることが不可欠であるとともに、微妙に異なる対象者のベネフィットに応えるためのより精密なスポーツプロダクトの検討が求められます。

スポーツサービスとスポーツベネフィット

スポーツプロダクトの扱いには、前述した「す

るスポーツ」の中核ベネフィットのように、対象となる人々の特徴を理解し、スポーツの固有な特性に加え、さらなる価値を高めるためのサービスを付加していくことが求められます。特に、スポーツは「サービス」という特徴を有していることから、その概念を踏まえて中核ベネフィットやプロダクトの各要素を整えることがスポーツ消費者のニーズや期待に応えることにつながります。

ここではまず、「サービス」という言葉の概念について触れてみます。近藤（1999）は、日本語の「サービス」という言葉には4通りの使われ方があると指摘しています。第一は、「あの店の従業員は、いつもニコニコしていてサービス満点だね」といった表現にみられる、従業員の態度を表す場合。第二は、「飲み物はサービスです」や「本日のサービス品」というように、無料やおまけを意味する場合があげられます。第三には、「サービス精神に徹する」といった精神や理念を表す場合となり、最後に「アフターサービス」や「メンテナンス・サービス」のように業務活動を意味する場合というように4つの意味をあげています。

各種のスポーツおよびスポーツ活動においては、人々が行う活動としてとらえることから、第四番目の業務活動に相当するものといえるでしょう。

スポーツを「する」にしても「みる」場合でもそれらをスポーツプロダクトとして理解するためには、形として目にみえない活動としてとらえることが基本となります。さらに、消費者が求める価値のパッケージとなる魅力的なスポーツプロダクトへと進化するためには、消費者からみたベネフィット、すなわちスポーツがもたらす価値や恩恵を理解し、そのベネフィットを満たすサービスを加味することが重要です。

たとえば、フィットネスクラブやテニスレッスンなどのレッスンビジネスにおいては、健康な体づくりやダイエット、または技能の習得などが中核ベネフィットとして想定されます。当然のことながらこれらの中核ベネフィットを満たす具体的なプロダクト要素はエアロビクスのプログラムやレッスンそのものとなりますが、価値のパッケー

ジとなるスポーツプロダクトとして考えてみると、それらのプログラムやレッスンの内容を充実させることはもちろんですが、周辺的な条件となる通いやすさや会員同士のコミュニケーションなどのベネフィットを付加することも有効なサービスづくりになると考えられます。

いうまでもなく、消費者は一人ひとりが様々なベネフィットをもち合わせていることから、単に中心となるプログラムやレッスンの内容に焦点を当てるだけではなく、場合によってはスポーツに直接的なサービスではなかったとしても、ロビーにいつも美しいフラワーアレンジメントが飾られていることやシャワールームにこだわりのアメニティがあることなど、付加的なサービスをどれだけふくらませることができるかということもスポーツプロダクトを魅力的なものへと進化させることになるでしょう。

また、「みるスポーツ」としてのスポーツイベントにおいては、高度でスピード感のあるプレイや華やかな演出が観ている人々に感動や興奮などのスポーツベネフィットをもたらすことが想定されます。さらに、スタジアムで過ごす時間においては、観やすい座席や応援している観戦者のマナー、交通アクセスの利便性などもスポーツプロダクトの価値を高めるサービスと考えられます。

一方で、ビジネスの場面だけではなく、総合型地域スポーツクラブのような公共サービスにおいても様々なスポーツベネフィットが考えられます。総合型地域スポーツクラブでは、スポーツ活動をはじめ、歌の教室や茶道などのカルチャー講座も展開しているクラブがあります。これらは、地域住民のニーズに応えたプログラムとして有効であるとともに、地域づくりや人間関係の拡大に貢献するものといえます。

スポーツサービスを提供するということは、消費者が様々なスポーツベネフィットを実感できるよう工夫することであり、そのようなスポーツサービスの開発が今後も求められています。

スポーツプロデュースの3段階

様々なスポーツベネフィットの視点からスポー

表2	スポーツプロデュースの3段階

①新しいスポーツの創造
（変異型・分岐型スポーツの開発）
【例】・ビーチバレーボール
　　　・3 on 3バスケットボール
　　　・ボルダリング
　　　・ラクロス　など

②サービスパッケージの組み換え
（系統型スポーツの進化）
【例】・Jリーグの2ステージ制
　　　・プロ野球セ・リーグ、パ・リーグの交流戦
　　　・フィギュアスケートのエキシビション　など

③ルールの改正などの魅力の追求
（系統型・適応型スポーツの進化）
【例】・バレーボールのラリーポイント制やリベロの
　　　　導入
　　　・サッカーのサドンデス制
　　　・バスケットボールのクォーター制、タイム
　　　　ルール
　　　　　　　　　　　　　　　　　　　　　など

ツの楽しみ方や魅力をさらに引き出すような製品づくりを考えてみると、次のような3つの段階に分類することができます（表2）。

1 新しいスポーツの創造

　1つは、これまでのスポーツを基軸としながら新たなスタイルとしてスポーツを創造することです。たとえば、ビーチバレーボールやビーチフットサル、3 on 3バスケットボールなどは、近年、国際大会が開催されるほど注目を集めるようになったニュースポーツです。ビーチバレーボールやビーチフットサルは、それぞれバレーボール、フットサルというスポーツをビーチ（砂浜）という環境条件をコートとして行うことによって既存のスポーツから新たなスポーツへと変貌した「変異型スポーツ」といえます。また、ラクロスやボルダリング、トライアスロンなどは技術およびコンセプトを新たに進化させた「分岐型スポーツ」の代表的なものです。これらのニュースポーツは、

マーケティングの視点からみると、新たな製品開発として取りあげることができます。

2 サービスパッケージの組み換え

　2つ目は、製品としてのサービスパッケージの組み換えが考えられます。たとえば、同じプロ野球の試合でも異なるリーグでの対戦相手を組み合わせた交流戦の導入やJリーグのステージ制を変えることによって新たな見所や面白さを提供することが可能になります。また、フィギュアスケートなどの採点競技は、試合においてはプログラム構成や演技に条件が設けられていますが、試合後の公開演技となるエキシビションは、採点や順位付けを行わず、衣装や曲などの演出も制限なく、自由に構成できます。そのため、多様なテーマや演出を工夫した演技を楽しむことができます。これらは、スポーツの形態はそのままでもコンセプトを変えることによってスポーツサービスとしての魅力が変化することを表しています。すなわち、競技においては、勝敗や競争が中核ベネフィットになりますが、魅せることや楽しませることを中核ベネフィットとしたスポーツプロダクトとしてパッケージを組み替えることで新たなスポーツベネフィットを生み出すことができるのです。

3 ルールの改正などの魅力の追求

　3つ目の段階は、競技のルールを変えて、スポーツをよりスリリングで魅力的なものへと進化させることです。これまでもバレーボールのラリーポイント制やリベロ（守備だけ行う選手）の導入をはじめ、サッカーでのサドンデス制などの例はゲーム展開をより面白くすることに貢献してきました。また、バスケットボールでのクォーター制やタイムルールは、ゲームに対するスピード感覚が高まると同時に、試合展開もよりスピードアップしました。このようなルール改正は、放映時間や試合時間など、メディアの条件によってコントロールされることもありますが、基本的には、スポーツの本質的な魅力を引き出すためのルールの見直しであり、スポーツベネフィットの高質化に貢献するとともに、スポーツプロダクトの開発や真のスポーツプロデュースとなることでしょう。

1　スポーツプロダクト　　**45**

2 スポーツ事業と運動生活
①スポーツ事業（C.S.、P.S.、A.S.）

運動の成立条件としてのスポーツ事業

みなさんは普段どのような環境でスポーツを行っているでしょうか。スポーツを日々の生活の中で行う上で、健康になる、スポーツ技術が向上するといった効果に加え、様々な効果を獲得することが大切な課題です。そのためには、人々がスポーツを行いやすいスポーツ環境を整えることが必要です。ここでいう環境とは、スポーツを行う施設がないという物理的条件だけを示すものではありません。たとえば、スポーツを行いたくても、スポーツをする仲間がいなかったり、クラブに加入したいけど自分の希望する種目やレベルがなかったりするとスポーツは困難なものになります。このような環境の整備は、運動者個人の力で解決できるものもありますが、多くはその整備に向けた組織的な取組を必要とするものもあります。このような人々に運動の機会となる「場」を提供するためには、スポーツ環境を整えるための組織的な活動が必要となりますが、人々がスポーツとかかわる機会や場をスポーツサービスとして提供することをスポーツ事業と呼びます。このスポーツ事業には、するスポーツを機会として提供する事業（参加型スポーツ事業）とスポーツをみる機会として提供する事業（観戦型・視聴型スポーツ事業）に分けられますが、ここでは前者のするスポーツ事業について説明していきます。その具体的な事業は次の3種類です。

施設用具の条件とエリアサービス
（Area Service ; A.S.）

スポーツ施設で実施可能なスポーツの内容など施設そのものがもっている物理的な場の魅力や、施設のもつ機能の魅力で運動行動に導こうとするサービスをエリアサービスといいます。たとえば、街角にバスケットゴールを設置し、いつでも使えるようにしておけば、若者や子供たちが集まりバスケットをはじめるように、スポーツの物理的な条件だけをサービスとして提供する事業のことを指します。一般的には、スポーツ施設を個人的に利用することや、未組織の人々が利用するために、スポーツ施設を自由に利用できるようにする施設開放事業がエリアサービスに該当します。

わが国では、オリンピックやワールドカップ、もしくは国民体育大会などを契機に大型のアリーナやスタジアムの建設が全国各地でみられますが、日々の運動を考えると日常生活圏内で気軽に運動できる施設の存在が大切です。一般的に、後で述べるクラブサービスやプログラムサービスに比べて、エリアサービスの利用者はその活動範囲である誘致距離は短いとされており、どれだけ身近に施設があるかということにエリアサービスの成否がかかっています。

また、施設の近さだけではなく、使いやすさも

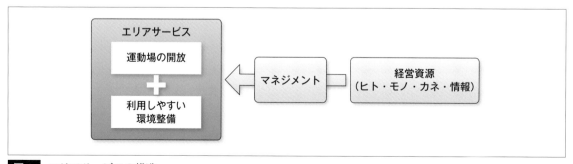

図1　エリアサービスの構造

重要なポイントです。どんなに近くに施設があったとしても、利用の手続きが煩雑であったり、施設のスタッフの対応が良くなかったり、スポーツ指導者やスポーツ用具の整備が不十分であったりすれば、運動者が利用しやすい施設とはいえません。特に配慮が必要な条件として、施設の開放時間への配慮があげられます。クラブの優先利用が多くの時間を占めていたり、プログラムの時間が多く設定され、一般開放の時間が極めて少ない、もしくは利用しづらい時間帯に限られているといったケースはエリアサービス利用者の目線にたつと運営の工夫が求められます。

エリアサービスの特性としては、利用者の予測が難しく、開放の時間帯等の設定が困難なケースが存在します。曜日や天候によって利用者の変動が大きいため、非効率なこともあります。利用が個人もしくは非組織的であるがゆえにこのようなことが起こりますが、そのような特性を理解した運営が求められます。

運動の仲間とクラブサービス
（Club Service ; C.S.）

クラブサービスとは、運動・スポーツを行う条件として、一緒に活動する仲間を集め、スポーツ活動を成立させ、そのクラブの維持・発展を支援する営みです。代表的な例をあげると、学校の運動部活動やサークル活動、地域のママさんバレーボールクラブや少年団などが該当します。クラブで仲間と一緒に楽しむことは、個人でスポーツを行うこととは異なり、スポーツの社会的便益をより一層、享受することができます。また、クラブでの活動は定期的に行われるため継続しやすく、仲間と目的をもって計画的に活動することができ、また自主的な運営が展開されていきます。このような点から、スポーツクラブに支えられた運動生活は、活動の継続性、組織性や効率性の観点から大きな効果が期待でき、豊かな運動生活の形成には欠かすことができない活動です。

スポーツクラブは、共通の目的をもった人々が集団をつくり、集団としての目標を共通理解しながらクラブのメンバーにはそれぞれの役割が存在し、協力し合いながら運営を自律的に行っていきます。そのような観点からみると、民間の商業的なスポーツ施設などにおいては、クラブという呼び名を用いていても、クラブサービスが提供されているとはいえないケースも存在します。たとえば、ゴルフクラブの多くは、スポーツ事業論からみるとゴルフのコースを開放しその場を提供することによって、スポーツが成立するようにサービスを提供していることが多いので、クラブサービスというよりエリアサービスを提供している施設であるとみなすことができます。同様にフィットネスクラブは、プログラムサービスを中心的な事業としているケースが多いと考えられます。

クラブサービス事業は、運動仲間の組織化によってスポーツクラブやサークルを育成しそれらを維持するための支援を行う事業です。たとえば、スポーツに対して意欲があり経験もあるものの一緒に活動する仲間が確保できないためスポーツを継続的に実践できない人もいます。また、スポーツ教室等で学習することによりそのスポーツについて興味をもったけれども、スポーツ教室が終了してしまい、運動仲間がいなくなってしまい運動を継続的に行う場を失ってしまうケースも存在し

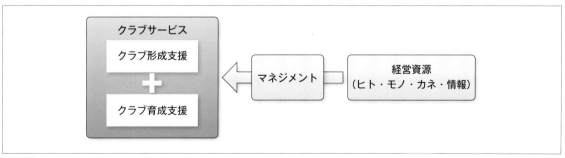

図2　クラブサービスの構造

2　スポーツ事業と運動生活　　47

ます。そのような運動者のために、運動仲間を募りスポーツクラブを形成したり、形成されたスポーツクラブが自主的に運営できるように育成のサポートを行うことが必要となります。

運動の内容・方法とプログラムサービス (Program Service ; P.S.)

プログラムサービスとは、スポーツの成立に必要な「運動の内容（誰とどのようなスポーツを行うか）」と「時間（いつどこで）」とが企画されたプログラムをスポーツの機会として提供するスポーツサービスです。これは、競技会や地域の運動会、さらには体育の授業などが含まれます。たとえば、高校野球の県大会は、野球のルールや勝敗を決する方法といった「運動内容」と、何時にどの相手と対戦するとかといった「時間」が規定されています。この大会に向けて、高校生は学校単位で自発的に練習に取り組んでいます。

運動者のニーズは多様にありますが、それぞれのニーズに応じた魅力のあるスポーツプログラムをサービスとして提供することが必要です。

プログラムサービスの特性の1つ目は、人々が運動するために必要な「時間」の条件とその中身としての「運動の内容や運動の楽しみ方・行い方」が結びつけられ、様々な運動の機会を整えるサービスであるということです。

特性の2つ目は、競技スポーツだけではなく、様々な運動・スポーツのタイプを整えるサービスだということです。たとえば、「スポーツ教室で学ぶ」「スポーツを体験する」「スポーツの成果を発表する・表現する」などのプログラムの意味や目的・内容・行い方・楽しみ方が多様性に富んで

いることは人々の様々なニーズに対応したサービスとなります。

特性の3つ目は、プログラムサービスは「つくられた運動の機会」であるので、スポーツプログラムをつくる側の供給量や内容の質によって、それを受け取る側の運動者の運動生活が左右されるという性質をもっていることです。つまり、誰かがつくったスポーツプログラムにより運動することによって、運動する際に他律的あるいは他者依存的な性格をもつことが懸念されます。

特性の4つ目は、一回のスポーツプログラムで多くの人々に対してサービスを供給することができるということです。たとえば、市民マラソン大会で1万人を超える人々を対象にプログラムを企画することも可能です。これは、エリアサービスやクラブサービスでは不可能です。このような特性があるため、スポーツを実施する機会を創出することや、プログラムに参加する人々の交流の機会を提供することに活用されています。

スポーツ事業とマネジメント

スポーツ事業は各種事業ごとにマネジメントサイクルに沿って提供される必要があります。ここでは、各事業に必要な共通のマネジメントサイクルのポイントを理解しましょう。

1 スポーツサービス事業の立案

はじめに、経営組織が提供すべきスポーツ事業においてはスポーツサービスの位置づけを明確にし、各スポーツサービスの基本方針を決定することが重要です。

誰のためにサービスをするのか、サービスの対象を明確に示す必要があります。そのため、経営

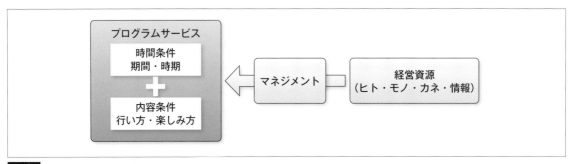

図3 プログラムサービスの構造

主体にどのような経営理念があり、どのような経営目標があるのかを明確に把握してから立案するべきです。また、サービスの位置づけを決めるため、対象となる運動者の運動生活の実態やニーズ等の情報を手がかりに計画していきます。

基本方針が決定した後は、スポーツサービスを運営するために必要な年間計画とそれをいくつかに分けた期間計画を作成します。各サービスの目標を考慮しながら、年間の事業量を決定し年間計画や期間計画をそれぞれ配列することになります。年間計画や期間計画を把握することによって、前もって調整が必要な問題について対応することが可能になります。この計画が決まったのちに、経営資源の程度をもとにして、個々の具体的な計画が立案されます。

なお、スポーツサービスを取り巻く環境は運動者が異なるため一定ではありません。そのため、一度作成された計画については、一定の期間で見直し、運動者のニーズに対応したより良いものへ改善していくことも重要です。

❷ スポーツサービス事業の組織

ここでいう組織は、各スポーツサービスに関する運営組織で、各スポーツサービスを提供するには、それぞれにスポーツサービスのコミッティ（委員会）をつくる必要があります。それぞれのサービスの計画から運営・評価に関する基本的な手順の策定、個々のスポーツサービスに関する経営資源の整備充実に関する計画と実践、広報活動をはじめとするマーケティング活動の方針・計画の決定と実践といった、組織の中核となり事業実践の役割を果たすことが期待されます。

特に、クラブサービスにおいては、コミッティは重要です。クラブサービスを円滑かつ効果的に進めるために、個々のクラブやサークルが独自で解決できない問題の処理を行ったり、クラブ間の調整をはかる等の任務があります。たとえば、学校においては教師のコミッティとして顧問会議が組織され、学校における運動部活動の目標や方針などを決定しています。一方、生徒側のコミッティとしては、キャプテン会議などが組織され、施設利用の調整などが行われています。また、教師と生徒に加え、保護者、地域のスポーツ関係者、学校医などでコミッティを組織し、練習時間や内容、休養日の設定、保護者や地域との連携のあり方などを考えることも重要です。今後は、部活動の取組や活動の評価を実施し、関係者の理解と協力を図るなど、開かれた部活動運営が求められています。

❸ スポーツサービス事業の経営評価

スポーツサービスの評価は、年間を通じて行った事業の総括的な評価と期間別の評価が必要となります。特に、プログラムサービスの評価はタイプ別、さらには個々のプログラムごとの評価が重要です。そして、全体としての目標が計画通り事業が遂行されたか、各スポーツサービスコミッティなどを通じて評価・反省することが重要です。定期的な評価活動をすることは次年度や次期の事業の立案計画に重要な手がかりを提供するため、今後のスポーツサービス事業の継続につながります。

スポーツサービスの経営評価については、「経営成績の評価」と「経営条件の評価」の2つの観点から評価をする方法があります。経営成績の評価については、企業のように経済的利潤を数字で示し、それを経営成績として評価するのは困難です。そこで、事業の年間計画の立案の段階で今年度の成果を具体的に設定しておくことが大切です。つまり、「経営成績」とは、目的を達成できたかどうか具体的で明確な結果として数値化し、年度末や一定期間に評価できるようにすることです。

一方、経営条件とは、経営成績を生み出すための手段や方法のことで、その評価とは目的を達成するために行う様々な事業の実践に関して、準備や計画の立て方、経営資源（ヒト・モノ・カネ・情報）の確保など運営が適切で効率的であったかを確かめることです。つまり、事業の目的を達成できたかを「経営成績」で評価し、それをもたらした原因や要因は何かを評価することが「経営条件」の評価ということになります。

2　スポーツ事業と運動生活　　49

2 スポーツ事業と運動生活
②運動生活

運動生活の類型的把握

スポーツライフという言葉がありますが、それはスポーツの「する」「みる」「創る・支える」という3つのかかわり方を全て含んだものです。ここで扱う「運動生活」は、このうち「する」というスポーツとのかかわり方を中核においたスポーツライフの一部です。

運動者がどのような運動生活をしているかをとらえるためには、運動の場や機会がどれだけあるかを把握する必要があります。スポーツサービスは、クラブサービス、エリアサービス、プログラムサービスの3つに大別できますが、実際の人々の運動生活をみると様々なスポーツサービスと接近しているケースが存在します。たとえば、フットサルサークルに所属し、平日を中心に活動を続けながらも休日は家族と公園でバドミントンを楽しんでいるようなケースは、クラブサービスとエリアサービスを組み合わせた運動生活としてとらえることができます。

このように運動生活はいくつかのスポーツサービスを組み合わせて実践している場合が多く見受けられ、その組み合わせの分類を運動生活の類型的把握と呼んでいます。この組み合わせは、8類型に分類することができます。

たとえば、CAPは3つのスポーツサービスと接近行動をとっているもの、APはエリアサービスとプログラムサービスに接近行動をとっているがクラブサービスには逃避行動をとっているもの、Sはいずれのスポーツサービスにも接近行動をとっていない運動者です。

運動生活の類型的把握は、学校体育と地域スポーツ、地域スポーツと職場スポーツといった複数の領域で活動している運動者の運動生活の実態を示すものといえます。また、多様な運動生活の特性の把握を可能にするという長所があります。

一方で、どのスポーツサービスの接近行動をとっているかということの分類のため、スポーツサービスの質についてはとらえきれないという短所をもちます。

運動生活の階層的把握

豊かな運動生活の条件をどの程度充足しているかという視点から、運動生活の豊かさを位置づけたものが、運動生活の階層的把握です。そこでまず、豊かな運動生活の条件について**表1**をみてみましょう。

こうした4つの条件を有した生活が豊かな運動生活であり、そのような運動生活を人々の生活に結実させるために、スポーツ事業を展開する必要があります。この条件を踏まえて、8つの運動生活の類型を階層にすると、C階層（CAP、CA、CP、C）、A階層（AP、A）、P階層（P）、S階層の4つにまとめることができます。

この4つの階層を、豊かな運動生活の4条件にどの程度満たしているかを照らし合わせると、最も近いものがC階層であり、最も遠いものがS階層であることは明らかです。残るA階層とP階層ですが、プログラムの性質によって豊かさは大きく変わってきます。競技会のような1年に数回しか開催されない単発的なプログラムと、週に数回行うようなスポーツ教室とでは大きな違いがあります。ここでは、A階層の特に継続的なプログラムに参加する階層を上位であると考え、運動生活の階層的把握を**表2**のようにまとめました。この表からわかるように、C階層の運動者を多くつくり出し、S階層の運動者をできる限り減らすことがスポーツマネジメントの事業を考える際の具体的な目標になります。

運動生活とマネジメント

豊かな運動生活を獲得・維持するために、実に

表1 豊かな運動生活の条件

①スポーツ活動の継続性	運動が生活の一部と位置づけられ、定期的に行われていること
②スポーツ活動の合理性	できるだけ小さいコストで大きな成果を生むように物事を効率的に進めること
③スポーツ活動の組織性	メンバーの力をうまく引き出し、全体として一定の方向に向かっていけるような協力の仕組みがあること
④スポーツ活動の自立性	サービスの「受け手」になるのではなく、自発的・主体的にスポーツ活動の条件を整えようとすること

表2 運動生活の類型と階層

＼類型	CAP	CA	CP	C	AP	A	P	S
C運動者	○	○	○	○				
A運動者	○	○			○	○		
P運動者	○		○		○		○	

C階層 ／ A階層 ／ P階層 ／ S階層

表3 運動者行動の抵抗条件と可能性

①体育事業および運営に抵抗条件がある場合……………………C_1、P_1、A_1
②運動者自身の主体的条件に抵抗がある場合………………………C_2、P_2、A_2
③自然的条件～社会的条件に抵抗条件が認められる場合………C_3、P_3、A_3

（宇土，1970年）

多様なスポーツサービスが事業化されています。類型化や階層化で様々な視点で分析することにより、運動に対して逃避行動を取るS階層をできる限り減らし、豊かな運動生活の条件に最も近いC階層の運動者を多くすることが重要です。その目的のもとスポーツ事業を立案し、組織が実行する場合、単純にS階層の運動者をC階層に直接結びつけてもうまくいかないケースもあります。たとえば、クラブの運営の仕方に関して抵抗があるS運動者に対して、クラブサービスを提供したところで主体的にクラブにかかわることは困難な場合が多く、継続性が乏しくなることやさらに逃避行動をとってしまうこともあります。

S運動者を運動の場に接近させるためには、なぜ逃避行動をとっているのか、その原因と理由をまずは検討する必要があります。ニーズや欲求などを常に把握し、運動生活への接近行動に対して抵抗条件となっている要因については、対策を講じる必要があります。そして、スポーツ事業が運動者に受け入れられるような創意工夫が施されなくてはいけません。その際には、**表3**のような各スポーツサービスの抵抗条件を明確にし、対応していくことが求められます。特に、C_1、P_1、A_1のような事業運営上の各条件が抵抗となる場合には、速やかな対応が必要となります。また、各スポーツ事業は、クラブサービス、エリアサービス、プログラムサービスとして事業ごとに組織化されますが、それぞれが全体のビジョンを共有しながら人々のニーズに適合するようにスポーツサービスのマネジメントが求められます。

3. マネジメント理論とスポーツマネジメント（アクチュアルレベル）

2 スポーツ事業と運動生活
③各スポーツ事業の特色とマネジメント

地域活性化と
総合型地域スポーツクラブ

　総合型地域スポーツクラブ（以下、総合型クラブ）は、前述のスポーツ事業論で解説があったクラブサービスにあたります。総合型クラブのねらいとは、生涯にわたって誰もがスポーツを楽しむことができる「場（環境）」を身近な生活圏につくり、その活動が定着することで生涯スポーツ社会を実現することにあります。総合型クラブは、子供から高齢者まで（多世代）、様々なスポーツを愛好する人々が（多種目）、初心者からトップレベルまで、それぞれの志向・レベルに合わせて参加できる（多志向）という特徴をもち、地域住民によって自主的・主体的に運営されるスポーツクラブのことをいいます。

　日本に近代スポーツが伝わったのは、19世紀後半の明治維新以降ですが、総合型クラブの育成がはじまったのは1995（平成7）年に文部省（当時）が「総合型地域スポーツクラブ育成モデル事業」に取り組んでからです。それまでの日本のスポーツは、子供は学校の運動部活動、トップアスリートは実業団と呼ばれる企業内運動部が中心で、社会体育といわれた地域社会で展開されるスポーツ活動は、主に小学生で構成されるスポーツ少年団やママさんバレー、草野球、民間フィットネスクラブ等でした。こういったスポーツ活動は、主にスポーツが得意だったり、すでにスポーツを行っている人たちを対象にしたもので、身近なところで技能レベルを気にせず誰でも気軽にスポーツ活動に参加できる場や環境はあまりありませんでした。そこで、スポーツが得意でなくても、高齢者でも、都会でなくても身近で気軽にスポーツが楽しめる仕組みをつくるために、歴史のあるヨーロッパの地域スポーツクラブを参考に、日本でも地域住民が主体となって運営する総合型クラブを

育成しようという機運が高まったのです。

　また一方で、日本社会全体が少子高齢化を迎え、人口や経済が拡大し続ける社会から、維持もしくは減少する社会となり、スポーツを取り巻く社会状況も大きく変化し、それまでの仕組みややり方では対応することができない状況が生まれてきました。たとえば地方自治体が開催する、ほぼ無料で参加できたイベント・教室等が財政難で中止になったり、実業団や企業チームも親会社や本業の業績悪化や経営者の交代等で休廃部することが増えてきました。運動部活動も子供が少なくてチームが組めなかったり、学校によっては入部できる競技種目が限定されていたり、指導する先生もその競技種目に精通していなかったり、そもそもスポーツが得意でない先生が運動部の顧問になったり、子供も塾や習い事が忙しく毎日決められた時間に部活動でスポーツをすることが難しくなってきているという現実もあります。

　そこで、これまでの行政や学校・企業への極端な依存や社会や景気によって左右されるような取組を見直し、地域住民が主体・一体となって自分たちで自分たちのニーズに応じたスポーツ活動や環境を創り出すといった自立したシステムを具現化したものが総合型クラブなのです。総合型クラブは、2019年現在で全国の80.5％の市区町村に3,604のクラブが育成（設立準備中を含む）されています。

　また総合型クラブは単にスポーツをする環境を整えようというだけではなく、スポーツを通じたまちづくりやスポーツによる地域活性化も期待されています。

　近年「地域活性化」や「まちづくり」が盛んに叫ばれていますが、それはなぜでしょう。バブル経済が崩壊した後は、不況と呼ばれる時代が続いていますが、不況になりモノが売れなくなると、それを商売にしている人たちの仕事がなくなりま

す。仕事がなくなるとモノを買うことができなくなり、世の中はますます不景気になってしまいます。行政は、個人の所得税や企業の法人税を財源としていますから行政の収入も減ってしまい、行政サービスが低下していきます。

また一方で、若い人はより条件の良い仕事を求めたり生活に便利な都市部に移り住むようになりました。子供の数が減ることで、高齢者の割合が高くなります。さらに防犯や安全といった点から、身近に手ごろな公園があっても子供たちをなかなか自由に遊ばせられなかったり、かつては各地で行われていた地域の運動会や行事、町内会活動といった、地域住民がお互いに助け合ったりかかわり合ったりといった連帯感や仲間意識が失われているということが深刻な問題として取りあげられることもあります。こういったことから経済的にも社会的にも地域の活性化が求められるようになってきたのです。

このような経済的・社会的な地域の活性化には様々な説明があると思いますが、ここではそれらを簡略して「地域活性化とは地域が存続すること。持続可能な社会」としたいと思います。たとえ良いことだと思って取り組んでいても、それ以上に地域に住む人々が疲れてしまっては意味がないし、立派で豪華な建物を建てたとしても、それで税金が高くなって生活が苦しくなってしまっては地域が活性化しているとはいえなくなってしまいます。

総合型クラブは、地域住民が集まって自主的・主体的に運営し自分たちで地域のスポーツ環境を整える取組ですが、単にスポーツをしたい人がスポーツをしたい人のためにスポーツサービスを提供していても、行政や地元企業を含めた広く多くの人や団体からの支援は得られません。つまり、地域に関する社会的な課題を、スポーツを主体とする総合型クラブを通じて解決できるという側面も示していかなければ、単なる自分たちだけのなかよしサークルになってしまうのです。公共施設を利用するという点では行政の支援は必要ですし、ヒト・モノ・カネ・情報という経営資源をもっている地元企業にちょっとでも支援してもらえた

ら、総合型クラブの活動は量・質ともに充実したものになります。その為にも総合型クラブは地域に対して貢献できる存在でなければいけないのです。

総合型クラブは行政だけでなく、市民、NPO、企業等が積極的に公共的なサービスの提供主体となり、教育や子育て、まちづくり、介護や福祉など身近な分野において、共助の精神で活動する「新しい公共」という取組にまさに合致するものといえます。しかし、だからといって総合型クラブを創設さえすれば、地域の全ての問題を解決してくれるわけではありません。総合型クラブの活動をとおして地域への愛着心を高めるなど地域の活性化に好ましい成果をもたらされるという好循環が期待される取組が求められるのです。

このように総合型クラブのマネジメントとは、単に地域住民にスポーツサービスを提供するだけではなく、「地域活性化」という総合型クラブ自身のミッションを意識し、地域の明るい未来に向けたマネジメントができるかどうかが問われるということです。

スポーツ教室やスポーツレッスン

スポーツ教室やスポーツレッスンは、前述のスポーツ事業論で解説があったプログラムサービスにあたります。

スポーツ教室とは、運動・スポーツをしたいと思った人が、自分自身ではスポーツ環境を整えることができなくても、参加料を支払えばプログラム等が準備されていて、自分は指定された時間と場所に行けば良いという「つくられた運動・スポーツの機会」のことです。

スポーツ教室には民間のスポーツクラブやフィットネスクラブが提供するものと地方自治体等の公的な団体が提供するものがあります。一般的に前者は比較的料金が高い分、サービスが良く、後者はその逆だといわれます。民間のクラブでは施設がきれいだったり、プログラムが豊富だったり、初級レベルから上級レベルまで設定されていたり、日中だけでなく夜間や深夜にまで行われていたり、指導者がより専門的であったりするのに

2　スポーツ事業と運動生活　　53

対して、自治体や公的な団体が実施するものは料金が安い分、プログラムを提供する側の事情で計画されることが多いことから逆の場合が多いのかもしれません。

民間のクラブの場合は、利用者数は収益に影響をおよぼし、場合によってはクラブの存続にかかわることもあります。その為により多くの利用者が集まるようなニーズのあるプログラムを提供しなければいけません。さらに競合するようなクラブが近隣にある場合には、差別化が図れるように同じ料金でもサービスを加えたり、サービスを変えずに低料金にするなどの努力をしなければいけません。

一方で自治体や公的な団体が実施する場合は税金や補助金等で事前に予算化された事業を実行していくことから、計画段階ではニーズがあると思っていても参加者がほとんどいなかったという場合もあるでしょう。しかし必要な予算はすでに確保されており、自治体等の存続にすぐに直接影響が出るわけではないことから、スポーツをした

い人のニーズに合致しないまま継続される場合もあるでしょう。

総合型クラブの場合は民間のクラブのように儲ける必要はなくても、必要経費の受益者負担程度の利用料金しか徴収していない場合が多いことから、参加者が極端に少なければ十分な収入が得られず、事業が継続できなくなることもあるでしょう。

一方で近年は指定管理制度が導入され、地方自治体が設置した公共体育・スポーツ施設に民間企業が参入することによって、民間のクラブのノウハウを活かした事業展開も多くなっています。たとえば、千葉県総合スポーツセンターでは千葉県体育協会・まちづくり公社グループによる指定管理で1回400円から500円程度（10回で4000円程度）で参加できる、競技スポーツ系、ニュースポーツ系、キッズ・ジュニア系、ヘルスアップ・フィットネス系に分かれた多様なプログラムを展開しています。

またスポーツ教室は単なるトレーニングやレッスンだけではなく、時には対戦したり身につけた技能を発表するような場も必要になるでしょう。さらに運動・スポーツの習慣化・生活化のために定期的・継続的に実施するものもあれば、生活や人生のアクセントや節目となるようなイベントとして実施されるものもあるでしょう。

このようにスポーツ教室のマネジメントでは、民間のクラブのように、ニーズに応じた事業を展

表1 民間と行政の一般的なスポーツ教室の比較

	料金	プログラム	施設・設備
民間 （収益）	高額	豊富（種目・レベル・対象）、専門的夜間・深夜営業	きれい、清潔、新しい
公的 （予算化）	低料金	限定的、時間的・空間的制約	老朽化

表2 指定管理者制度によって公共スポーツ施設で実施されるスポーツ教室の例

	教室名
競技スポーツ系	テニス、テニス・ダブルス（中・上級）、バドミントン、卓球（初級・中級）
ニュースポーツ系	ノルディックウォーキング＆ストレッチ、バウンドテニス、グラウンドゴルフ、ニュースポーツ体験
キッズ・ジュニア系	親子ふれあい、かけっこ、キッズ体操、タグラグビー、キッズダンス（初級・中級）、キッズテニス、キッズフットサル、バドミントン、バスケットボール
ヘルスアップ・フィットネス系	エンジョイヨーガ、ZUMBA（ズンバ）、ボクシングシェイプ、シェイプエアロ＆骨盤エクササイズ、健康体操、はじめてヨーガ、リラックスヨーガ、かんたんエアロ＆体幹エクササイズ、エアロ＆ストレッチ、フットケア＆エアロ、ピラティス、背中エクササイズ＆エアロ

※千葉県総合スポーツセンター各種事業ガイドを参考

開し収益をあげ、それを次の事業展開への原資とするようなマネジメントと、自治体や公的な団体のように、事業を実施するための予算を事前に確保したり、限られた経営資源をうまくやりくりするといったマネジメントが必要になります。

どちらもスポーツ事業を実施する上では重要なマネジメントですが、スポーツ経営体の特徴によって、特に求められるマネジメントが異なってくるということです。

社会文化事業としてのスポーツイベント

スポーツ基本法（2011年）に「スポーツは、世界共通の人類の文化である」とあります。では文化とは一体何でしょう。文化は、芸術文化や伝統芸能をイメージすることが多く、スポーツを学ぶみなさんにとって体育・スポーツとはかけ離れた存在かもしれません。一般的に文化とは学問や芸術といった人間が自分たちの手でつくりあげてきた有形（目にみえる）・無形（目にみえない）の行動様式や生活習慣で、民族や地域や社会にそれぞれの文化があり、学習によって伝えられるものといわれます。文化的といってすぐに思い浮かぶのは、音楽や演劇、絵画・彫刻といったものでしょうか。スポーツも人が人生をより豊かに充実させるために、その時代の先人たちの知恵や思いを蓄積してつくりあげてきた人類共通の文化といえますしスポーツをすること自体を文化的な生活ということもできるでしょう。

このように、スポーツ自体が文化的なものであり、スポーツイベントも社会にとって文化的な事業ととらえることもできるでしょう。もしくはスポーツイベントによって集まった人たちに対して文化的な取組にも参加してほしいと願うこともあるでしょう。

たとえば、オリンピックはスポーツだけではなく文化の祭典でもあります。オリンピック憲章には、オリンピズムの根本原則として、オリンピズムは人生哲学でありスポーツを文化と教育と融合させることで生き方を創造することであると明記されています。さらにオリンピック競技大会組織

図1 ロンドン2012 フェスティバル
※トラファルガー広場で1,000人を超えるダンサーが演じるパフォーマンスが行われた。

委員会は短くともオリンピック村の開村期間に複数の文化イベントのプログラムを計画しなければならないとされています。

2012年に開催されたロンドンオリンピックでは、2008年に開催された北京オリンピック終了時から4年間のカルチュラル・オリンピアードを開始し、2012年にはそのフィナーレとしてオリンピック開会1か月前からパラリンピック閉会までの2か月半「ロンドン2012フェスティバル」という大規模な芸術祭が開催され、述べ4,340万人が参加したといわれています。

日本でも2020東京オリンピック・パラリンピック（以下「2020東京オリ・パラ」）に向けて「東京2020文化オリンピアード」という取組が2016年10月からスタートしています。東京2020公認文化オリンピアード事業と東京2020応援文化オリンピアード事業が2020東京オリ・パラまで開催されます。また2020東京オリ・パラに向けて「beyond2020プログラム」という取組も展開されています。これは、2020年以降を見据え、日本の強みである地域性豊かで多様性に富んだ文化を活かし、成熟社会にふさわしい次世代に誇れるレガシーの創出に値する文化プログラムをbeyond2020プログラムとして認証しロゴマークを付与するものです。

全国の都道府県でもち回り開催されている国民体育大会も、単なる総合競技大会ではなく国民の各層を対象とする体育・スポーツの祭典となって

2 スポーツ事業と運動生活　55

2020年以降を見据え、日本の強みである地域性豊かで多様性に富んだ文化を活かし、成熟社会にふさわしい次世代に誇れるレガシーの創出に資する文化プログラムを「beyond2020プログラム」として認証し、ロゴマークを付与する。
（内閣官房東京オリンピック競技大会・東京パラリンピック競技大会推進本部事務局）

図2 beyond2020プログラム

おり、その目的には地方スポーツの振興と地方文化の発展に寄与すると明記されています。国民体育大会開催基準要項には大会の文化プログラムとして、大会の主催者および日本スポーツ芸術協会が文化プログラム実施基準に基づき文化プログラムを実施するとしています。2016年希望郷いわて国体・希望郷いわて大会では文化プログラムを、「全国から訪れる皆様に東日本大震災津波の復興支援への感謝を表し、また岩手県の芸術や文化などを知っていただく機会となるもの」としています。

このようにスポーツやスポーツイベントを通じた社会的・文化的な取組は数多く実施されています。文化芸術振興基本法には「文化芸術は、人々の創造性をはぐくみ、その表現力を高めるとともに、人々の心のつながりや相互に理解し尊重し合う土壌を提供し、多様性を受け入れることができる心豊かな社会を形成するものであり、世界の平和に寄与するものである」と述べられているように、スポーツと相通じるところが沢山あります。

スポーツイベントを通じて、人々の交流を促し、地域社会の再生や健康で活力に満ちた社会の実現に寄与するといったところは、まさに社会文化的な活動といえるでしょう。

一方で、スポーツと文化の融合という点で、たとえば千葉市には市民局に生活文化スポーツ部スポーツ振興課があり、船橋市には船橋アリーナを指定管理する公益財団法人船橋市文化・スポーツ公社があるなど、全国各地に〇〇市文化・スポーツ振興財団という公的な団体が沢山あります。これは単に文化施設とスポーツ施設が共用されていたり、まとめて管理運営するためではなく文化とスポーツが密接にかかわり合っているからこそ

「文化スポーツ」となるのです。

クラシックバレエは文化芸術でダンスはスポーツといわれます。しかしフィギュアスケートのようにバレエの要素を含みつつ演技を採点することによってオリンピックでは競技種目として扱われます。また歌って踊るミュージカルは文化芸術として扱われますが、これはまさに身体表現であり舞踊ととらえることもできます。本来は文化芸術とスポーツに境界線はなく、それぞれが専門化して二極化していくというよりも、ますます融合していくことでしょう。

社会文化事業としてのスポーツイベントをマネジメントするということは、地域社会に対してスポーツという文化を広めていくことであり、スポーツイベントには人を集めるという効果があることからイベントに参加する多くの人に対して文化的な活動にも参加してもらう機会をつくり提供することといえるでしょう。

そしてスポーツイベントをマネジメントする上では、スポーツの高度化だけではなくスポーツの文化的価値を高めるためにも、今後ますますスポーツと文化芸術との融合を意識したマネジメントが求められてくるでしょう。

スポーツ施設の開放やレンタルサービス

スポーツ施設の開放は、前述のスポーツ事業論で解説があったエリアサービスにあたります。

たとえば、公共のプールに数百円程度の利用料金を支払って決められた時間内で自由に水泳を楽しむという施設の利用方法のことです。また卓球やバドミントンのように相手が必要な競技につい

ては、友達を誘い合ってプールと同様に利用料金を支払って、1コートを何時間（もしくは何分）という単位で使用することもあるでしょう。バスケットボールやバレーボール、フットサルなどの場合は、体育館等を全面もしくは半面を貸し切って利用するといった場合もあるでしょう。これらのスポーツ施設の開放は、特に公共スポーツ施設の場合地域住民の税金で建設された施設ですからできるだけ低料金で平等に使える機会を提供しなければいけないでしょう。

　一方で民間のフィットネスクラブやスイミングスクール、体操スクールなどはスポーツ教室やプログラムに参加することが前提となっているので施設を開放して利用者に自由に使ってもらうサービスというものはあまりありません。しかしテニスやフットサルなどでは民間施設であっても利用料金を支払うことで自由に利用できるサービスを提供しているところもあります。

　またプロ野球のチームが試合で使用する球場であっても、民間企業ではなく地方自治体が設置した施設の場合は、利用日は限定されるかもしれませんが一般利用が可能な場合もあり、あこがれの選手と同じマウンドやバッターボックスに立つことも可能です。

　指定管理者制度が導入される前の公共スポーツ施設は、自治体の直営もしくは公的な団体でなければ管理ができませんでしたが、現在では指定管理者として民間企業が管理運営することが可能になり、単なる施設開放だけではなく民間のクラブのノウハウと経営資源を活かしたプログラムも提供できるようになるなどサービス向上が期待できるようになりました。

　スポーツをするには様々な用具・器具が必要になります。一般的に必要な道具は自分で購入し個人では購入できないような設備や施設については利用料金を支払って使用するのが一般的でしょう。しかしウィンタースポーツのように年に数回しか使用しないようなものや、試しにやってはみたいけど一式全てをそろえるとなると躊躇してしまうこともあります。また、ちょっとしたスポー

表3 ZOZOマリンスタジアムの料金表（2019年10月現在）

グラウンド	一般	2時間	19,800円
	高校・大学	〃	9,620円
	小学・中学	〃	6,260円
スタンド	一般	1回	6,600円
	高校・大学	〃	3,240円
	小学・中学	〃	2,160円
スコアボード	全部	2時間	11,000円
	得点・判定	〃	5,440円

注）ZOZOマリンスタジアムは、プロ野球「千葉ロッテマリーンズ」が本拠地とする千葉市美浜区にある千葉市の野球場。

ツイベントを開催しようと思うと、そのプログラムに応じた用器具が必要になります。

　このような場合、一般的には個人が購入するようなものでもレンタルが可能です。スキー場でスキーの板を借りるようなものだけではなく、野球の試合をするためのバット・グローブ・ボールやベース、スコアボードのレンタルから、運動会で使うような綱引きや玉入れ、ラインマーカー、拡声器や、体力テストに必要な測定器のレンタルもあります。

　これまで用具をもっている人がそろわないとできなかったスポーツもチームで一式レンタルしたり、学校体育でしかできなかったような運動会や体力測定も、地域のグループや団体、職場で実施することが可能になります。

　スポーツ施設の開放をマネジメントする際には、その時代や利用者のニーズに応じて施設・設備を改修していくことが求められますが、施設の大規模な改修を頻繁に行うことは難しいでしょう。

　これからのスポーツ施設のマネジメントでは管理経費としての予算を前提とした単なる管理や鍵の貸出業務を行うだけではなく、指定管理制度が導入されることからも民間企業と同様の発想でプログラムを提供し集客することができる能力が求められていくでしょう。

2　スポーツ事業と運動生活　　57

3 スポーツリーダーシップ

競技スポーツ集団としての組織論

スポーツにかかわる私たちにとっての身近な組織というのは「競技スポーツ集団」、すなわち「運動部」ではないでしょうか。運動部の組織というのは、「マネジメント組織の理念」で述べたように、一般の組織と同じように考えられる部分も少なくはありません。

一般的な仕事を中心とする組織の場合には、仕事の目標をチームで達成するために、一人ひとりがやるべきことを果たそうとするでしょう。しかしその際、様々なことが要因となり、仕事に身が入らなくなったりすることもある一方、ちょっとしたことがきっかけとなってやる気になることがあります。そのような時、チームの中でリーダーシップを発揮する人がいるかもしれません。たとえば、相談に乗ってくれる人、みんなをまとめる人など、そのリーダーシップのあり方はそれぞれであり、様々なリーダーのスタイルが存在します。

運動部などのようにスポーツを中心に活動をする集団においても、リーダーの適切な行動が、一気に集団を勢いづけたり、好結果をもたらすという場面があります。その一方でリーダーは、チームを引っ張っていくためにはどうしたら良いのか、などの悩みに直面することも多いものと思われます。ここでは、特に運動部などにおいてイメージしやすい、「モラール」と「リーダーシップ」について具体的に取りあげてみます。

モラール

まず、モラールについてですが、モラールとは、「明確に設定された目標があり、集団成員が、その目標に積極的意義を感じ、その達成の可能性を信じて、集団活動が協力的、効果的に進められるような状態あるいは特徴」（心理学事典，1977）と定義されています。すなわち、一般的には個人のやる気を示すモチベーションとは区別され、モラールは「集団のやる気」とでもいいましょうか、集団を前提にした言葉となっています。

運動部の場合、部員はどのような時にモラールが上がり、あるいはどのような時にモラールが低下するのかはとても大切な事実です。たとえば、目標としていた大会が終わった時、もしくは目標達成をした時、あるいはコーチから褒められた時など多くの場面をあげることができます。このような視点から競技スポーツ集団のモラールを取りあげた研究は、藤田（1980,1981）によって進められた経緯があります。運動部を対象にして、モラールを媒介とした監督の機能・競技成績とモラールの関係を検討した、当時の先駆的な研究といえましょう。その後、池田（2004）は、藤田のモラールの横断的な研究から、視点を縦断的研究にシフトさせて、時系列の分析をはじめました。すなわち、運動部でシーズンをとおしてモラールがどのように変容するかに着目した研究を展開しました。競技スポーツ集団とは、目標に向かってチームをつくりあげ、シーズンを戦い抜き、また再び次のシーズンに向かって目標を設定していきます。そのため、一定の状態でとどまっていることはなく、常に変化をしている集団であると考えられます。つまり、1つの時期だけを調査するのではなく、シーズン前後にどのように変容するのかを縦断的に研究する必要性を指摘しています。対象とした運動部は技能を基準に4つのブロックから編成されています。チームの代表として公式戦に出場するのは①ブロックに限られており、②ブロックは①ブロックのメンバーに入ることを目標として取り組んでいます。ここでは、①ブロックと②ブロックのモラールに着目します。チームの目標はリーグ戦で上位リーグに昇格することであり、対象の部はこの年、目標としていた1部リーグへの昇格を達成することができました。この時、

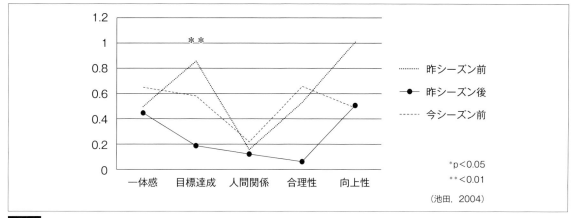

図1 ①ブロック　モラール因子　時間の経過に伴う変容

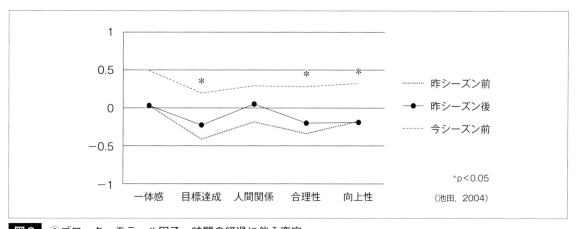

図2 ②ブロック　モラール因子　時間の経過に伴う変容

　チームの代表として目標を達成した①ブロックのモラールの因子スコアは、シーズン前に比べて上昇することが想定されます。しかし実際には、シーズン後のモラールの因子スコアはシーズン前よりも低下をしています。

　一方、②ブロックは、シーズン前には①ブロックのメンバーに入ることを目標としており、練習への取組意欲も高い状況です。しかし実際には①ブロックのメンバーには入れず、自身の目標を達成できなかったことから、シーズン後のモラールの因子スコアは下がることを予想していました。しかし、②ブロックのモラール因子スコアは1部昇格を果たしたシーズン後に上昇する結果を示しました。つまり、1つのシーズン前後において、目標を達成した①ブロックはモラールが下がり、目標達成に至らなかった②ブロックはモラールが上昇するという特徴的な結果を示したのです。

　この結果から、①ブロックは、目標達成をしたことによる安堵感、もしくは目標達成後の無力感により下がったことが考えられます。②ブロックは、目標達成をした①ブロックの活躍を目の当たりにして、次こそは自分がチームの代表として出場する、という思いからモラールが上昇したものと考えられます。すなわち、同じ部内であっても、部内集団や役割に必要なマネジメントが異なってくることを明確に示しています。

　次に、組織の中の集団や状況が変化した場合のモラールについて考えてみましょう。前述と同じ部を対象として継続的な調査を実施し、組織状況を整理したところ、指導者である監督の交代とい

う大きなポイントがありました。その時と同じブロック同士でモラールを検討してみると、同じ部の同じブロックでもモラールは異なっていることが明らかとなり、時間の経過による環境の変化によって変容することが考えられます。さらに、もう1つ同じような競技成績の異なる種目の部と比較してみると、こちらもモラールが異なることが明らかとなりました。つまり、このように、競技成績によってもモラールは異なるという性質がみられます。

　このようにモラールは、部の環境や状況などの様々な要因、そして時間の経過によっても変容することから、その時の部の状況にあったチームづくりのための基礎であり、重要な指標となるものなのです。

■ リーダーシップ

　次に、「リーダーシップ」についてです。「リーダーシップ」は、分野によって様々な定義がありますが、「指導者たる地位、または任務や指導権、指導者としての資質・能力・力量・統率力」（広辞苑）が最も一般的に用いられます。すなわち、集団や組織の目標達成に向けて指導者がはたらきかける能力を指します。このようなリーダーシップの定義は、スポーツ集団の監督やコーチの行動と部員との関係に適用することができます。たとえば、コーチの一言でチームの雰囲気が変わった、コーチの采配で勝つことができた、○○マジックなど、リーダーシップ行動が集団の競技成績をはじめとするパフォーマンスに大きな影響を与えていることはいうまでもありません。

　リーダーシップ研究は、1940年代に、リーダーの個人的資質の分析から開始されました。1950年代からは、それまでのリーダーの個人特性や人物論だけではなく、実際の行動に着目した「リーダーシップ・スタイル」の研究が主流となっています。そこでは、リーダーの行動を「タスク」（仕事志向・構造づくり）と「人間」（対人志向・配慮）の2つの次元でとらえます。さらに効果的なリーダーシップ行動は、集団の目的や成員特性に依存し、それらの状況に応じて選択すべき性質にあること

があげられます。そのような集団の状況に適合したリーダーシップ行動研究が、P.ハーシーとブランチャードのSL理論（シチュエーショナル・リーダーシップ）であり、「成熟度」を組織の状況要因ととらえます。成熟度とは、①目標達成意欲、②責任を負う意思と能力、③教育や経験のレベル、を統合したものです。

　リーダーシップに関する最も基礎的な研究は、三隅のPM理論です。三隅は、リーダーシップを集団概念としてとらえ、集団が自らもつ2つの機能に着目をしています。その1つは、集団における目標達成・課題解決のためのはたらきかけである「目標達成能力」（Performance）です。もう1つは、集団の自己保存や集団の過程自体を維持しようとする「集団維持能力」（Maintenance）です。この2つの能力要素がリーダーシップを構成し、目標設定や計画立案、メンバーへの指示などにより目標を達成する能力（P）と、メンバー間の人間関係を良好に保ち、集団のまとまりを維持する能力（M）の2つの能力の大小によって、4つのリーダーシップタイプ（PM型、Pm型、pM型、pm型）を提示しています。そしてPとMがともに高い状態（PM型）のリーダーシップが望ましいと提唱しています。

- PM型（P・Mともに大きい）
  目標を明確に示し、成果をあげるとともに集団をまとめる力もある
- Pm型（Pが大きく、Mが小さい）
  目標を明確に示し、成果をあげるが集団をまとめる力が弱い
- pM型（Pが小さく、Mが大きい）
  集団をまとめる力はあるが、成果をあげる力が弱い
- pm型（Pが小さく、Mも小さい）
  成果をあげる力も、集団をまとめる力も弱い

　そしてこれらのPM理論は、企業をはじめ教育やスポーツ集団においても応用しています。たとえば、大学のスポーツ集団を対象とした場合では、P行動を「統率」「練習の厳しさ」とし、M行動

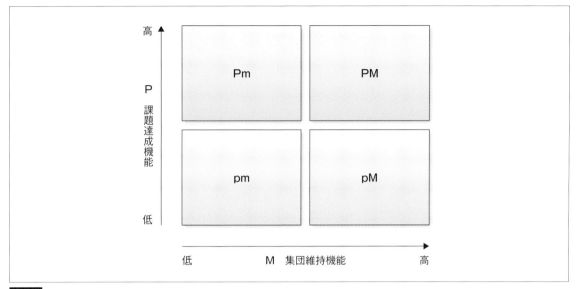

図3 リーダーシップPM理論

を「配慮」「クラブ維持」としています。

マネジメントの分野でのスポーツ集団におけるリーダーシップ研究は、藤田（1980）によって開始されています。藤田は、競技運動クラブを対象にした研究の中で、競技成績にモラールの高低とリーダーシップ・スタイルが大きく関連していることを明らかにしています。また、競技的運動クラブ経営における「モラール」を問題とした品田（1982）は、モラールを高め、競技成績を高めるためには人間関係とリーダーシップの2つが重要であることを指摘しています。一方、スポーツ集団に焦点をあてたP.Chelladuraiら（1988）の研究では、リーダーシップの構造とともに満足度の構造にも言及しており、日本とカナダのスポーツ集団では、目標、環境、文化、伝統などの違いによって有効なリーダーシップが異なることを明らかにしています。

そしてこれら、三隅とP.Chelladuraiらの研究を踏まえ、杉山は、より競技スポーツ集団にふさわしいリーダーシップの内容と機能、さらにその検証の方法を究明しようとしました。その結果、競技スポーツ集団にふさわしいリーダーの行動内容として、「指導」「主体性の促進」「練習への参加」「気配り・目配り」が抽出されました。また、それらは特性の異なるスポーツ集団への適用・比較から、それぞれのスポーツ集団の特性に対する固有なリーダー行動を示すことを明らかにしています。また、畑ら（2003）は、女子体育大学の2つのチームスポーツ系運動部を対象に、コーチの「リーダーシップ」が選手・部員の反応から、どのような構造で出現し、対象集団においてどのように機能しているのかを検討しています。そこでは、コーチのリーダーシップとして、「活動場面での対応」「自主性の促進」「目標達成の促進」「活動の促進」の4つが抽出されました。これらは、所属部や学年などによって異なる反応を示しており、各小集団に応じたリーダーシップ機能が明確となっています。スポーツ集団におけるコーチのリーダーシップは、競技力の要素である体力・技術・戦術とともに欠かせないものの1つではないでしょうか。

「リーダーシップ」と一言で言っても様々なリーダーシップの発揮の仕方があります。みなさんが今まで出会ってきた指導者はどのタイプでしょうか。目標達成重視でしたか。それとも集団をまとめる力もあったでしょうか。どのような指導者に習ってきたか今一度振り返ることに重要な意味があります。そして、もし自分自身が指導者になるとすれば、これらを参考に自分のリーダーシップを描いてみることこそ第一歩となりましょう。

4 スポーツマーケティング

　マーケティングのコンセプトや基本的理論については前章で述べてきましたが、ここではいくつかの研究結果から具体的なスポーツマーケティングの特徴的なポイントを整理してみましょう。

　近年スポーツ消費者のニーズは、するスポーツ、みるスポーツなど様々なスポーツ場面で、多様化しています。消費者の多様なニーズやウォンツに対応したサービスの充実が必須であり、スポーツマネジメントの研究が進むにつれ、きめ細やかなマーケティング活動が必要な段階に入っているといえます。

消費者の認知行動過程：AIDMA・AISAS

　人々は、「スポーツシューズが欲しい」と思った時、手に入れるまでどんな行動をとるでしょうか。他のブランドと比較する、性能や値段を調べるなど、より良いシューズを手に入れるために時間をかけ、実に様々な行動をとるのではないでしょうか。スポーツを「する」（参加型スポーツ：Participant Sport）、「みる」（観戦型スポーツ：Spectator Sport）行動においても人によって様々な認識や行動が異なっています。

　一方、製品やサービスの提供者サイドからみればそれぞれの消費者が自社の製品やサービスに対してどのような認知状態であり、どのような行動をとるかについては極めて重要な情報となります。

　そのような状況を理解するためにAIDMAの認知行動過程がよく知られています。すなわち、AIDMAのAは「Attention（注目）：広告や宣伝などによって注意を引かれる」、Iは「Interest（興味）：その製品に興味をもつ」、Dは「Desire（欲求）」：興味をもった製品が欲しくなる」、Mは「Memory（記憶）：製品を記憶する」、そして最後のAは「Action（行動）：製品を購入する」の5つの段階に区分されます。

　たとえば、テニススクールの入会対象者を例に考えてみましょう。テニススクールの広告に目がとまり、地域にテニススクールがあることに気がつけばAttention（注意）の段階になります。広告に掲載されている初心者コースのプログラムをみて、テニスをすることに興味をもつとなればInterest（興味）となります。さらに、会費やアクセスが手ごろなことから「入会してみたい」という欲求が生まれるとDesire（欲求）であり、次にMemory（記憶）、Action（行動）という状況を示しています。この過程では特に、消費者が現

図1　AIDMA モデル

在AIDMAのどのステップで止まっているのか、どのような状況なのかを把握し、次のステップへ進むにはどうすればよいのか、ステップを意識したマーケティング活動を検討し、対応することが重要になります。

さらに、現代においては、インターネットが普及したことなどによって消費者の購入に至るまでのプロセスも変化をしてきました。購入前に「Search（検索）：製品についてネット上で検索」し詳細な情報を得て、購入後「Share（共有）：ブログなどSNS等を通じて製品の評価をネットで共有」します。この特徴に着目して、AISASモデルが浮上しました。

このAISASモデルでは、Attention（注目）とInterest（興味）は同じですが、Desire（欲求）とMemory（記憶）はSearch（検索）に置き換わり、購入するAction（行動）の後にShare（共有）となります。

それぞれの認知行動過程に対する効果的な対応が次の段階へ移行させ、最終的な目的である行動（消費行動）に届かせようとする基本的なモデルです。すなわち、消費者の認知過程や行動を深く理解して適切な対応ができるようにすることがマーケティングの基本となるのです。

ロイヤルティ

ロイヤルティ(loyalty)とは、「忠誠心」と訳されます。消費者が商品やサービス、ブランドなどに信頼や愛着を感じることです。一般的には、ビールなら○○と決めてそのブランドのビールしか飲まないとか、服は○○のブランドしか着ないなど対象が特定のブランドならばブランド・ロイヤルティ、贈答品は○○デパート、日用品は○○スーパーと決まった店でしか買い物をしないなど対象が店舗ならば、ストア・ロイヤルティといい、購買行動を指します。ロイヤルティの高い顧客は、特定のブランドやストアにあたかも忠誠を誓ったかのように、繰り返し利用するだけでなく、友人や知人に勧めたり、SNSで拡散することもあり、どの企業や組織においても大切な顧客です。

しかし、「購買行動＝感情面」という顧客ばかりではありません。松岡（2000）は、ロイヤルティの構成要素には、心理的側面と行動的側面の2つの側面があると定義しています。一人でも多くロイヤルティの高い顧客を増やすためには、2つの側面を重視したマーケティング活動が必要だと考えます。スポーツクラブで考えると、高いロイヤルティをもつ会員は、スポーツクラブに愛着をもち、毎日のように通い、さらに知人に入会を勧めるような行動が生まれる、大切な顧客です。しかし、毎日通っていても、近くにスポーツクラブがそこしかないとか、友人が通っているからなど外的要因が強く働き、スポーツクラブに対する愛着があまり無い場合は「みせかけのロイヤルティ」といい、他に条件の良いスポーツクラブができれば、移ってしまう可能性が高い会員といえます。

図2 AISASモデル

また、通いたいが時間やお金が無いなどの原因で会員になっていない「潜在的ロイヤルティ」をもつ消費者も存在しています。ここで阻害要因を取り除くことができれば、大切な顧客になる可能性が高い消費者です。他に、全てが低い「低いロイヤルティ」の消費者も存在します。対象者が、どのロイヤルティをもつ消費者なのかでマーケティング活動は異なるのです。

一方、みるスポーツの消費者の場合、チームやプレイヤーの成績に関係なく、継続的に応援する特徴的な傾向がみられます。2016年、25年ぶりにリーグ優勝を果たした広島カープのファンがその例にあげることができます。このような行動をとる要因として松岡（2000）は、スポーツ消費者がもつスポーツチームに対する感情的、心理的な愛着が影響しているとし、原田（2000）もスポーツチームに対する心理的影響、すなわちチーム・ロイヤルティの重要性を明らかにしています。チーム・ロイヤルティに関しては、他にも多くの研究がされています。

そのような研究の1つとして、土屋（2002）によるプロ野球観戦におけるロイヤルティの研究があげられます。土屋（2002）は、プロ野球における観戦者の満足度や意思決定に影響をおよぼすロイヤルティを分析し、6つのロイヤルティを明らかにしました。それらは、ひいきのチームの勝利を期待する「チーム・ロイヤルティ」、ひいきの選手の活躍、話題選手の活躍など選手個人に期待する「プレイヤー・ロイヤルティ」、特大のホームランなどプロらしいファインプレイを期待する「プレイ・ロイヤルティ」、グラウンドとの距離の近さや選手のプレイを間近で感じられるなど、緊迫した臨場感を期待する「内部環境条件（物理的）・ロイヤルティ」、ゲームに限らず球場での楽しい時間を過ごすことを期待する「内部環境条件（雰囲気）・ロイヤルティ」、交通の便が良く、観客席の設定が多数あるなど、みやすさ来やすさを期待する「外部環境条件・ロイヤルティ」の6つの基準で設定し、各ロイヤルティの有効性を明らかにしました（図3）。

ロイヤルティの分析によりチーム・ロイヤルティが高い観戦者は、球場まで足を運び観戦する回数が多い傾向を示しています。観戦経験の少ない観戦者は、球場で楽しい時間を過ごすことへの期待、すなわち、内部環境条件（雰囲気）・ロイヤルティが高い傾向がみられたことを報告してい

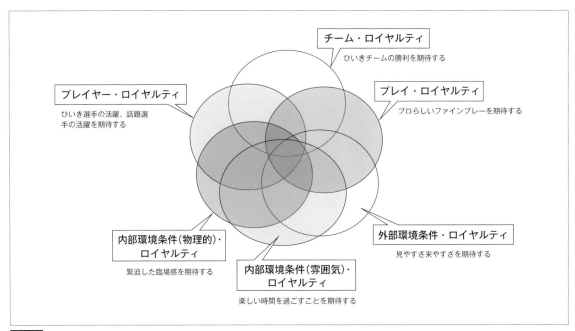

図3 プロ野球における観戦者のロイヤルティ基準（土屋，2002）

ます。このように観戦者のロイヤルティをもとにした分析により、その特徴的な観戦行動が解明されつつあります。今後のマネジメントの展開や新たなサービス開発のために、複数のロイヤルティ基準を活用し、マーケティング活動を行うとともにそのようなスポーツ観戦者の特性を踏まえたマネジメントのあり方が今後ますます重要になると思われます。

エリアマーケティング

エリアマーケティングは、前途のマーケティング論で解説があったマーケットセグメンテーションの1つの方法です。対象のスポーツ市場をエリア（地域）ごとに特性やニーズを明らかにし、効果的なマーケティング活動を実践することです。

成（1998）は、広大な中国の北京、上海、太原の三地区の大学生を対象にライフスタイルとスポーツスタイルの関係に着目し、調査分析を試みています。その報告では、これらの3つの地域によって大学生のスポーツ行動、スポーツ消費およびスポーツ環境の認知が大きく異なることを明らかにしています。どの地区も男子学生の約7割が自由時間にスポーツを行っていますが、スポーツのためにお金を使う学生は2割から3割と低い割合を示しています。女子学生は、北京では4割が自由時間にスポーツを行っていますが、他の地区は約3割弱と低い割合を示しており、スポーツにお金を使う学生はいずれの地区も少数でした。今後のスポーツ活動への意欲については、北京と太原の学生は、自分の生活の一部分として健康のため定期的にスポーツ活動を行いたいと回答していますが、上海の学生はスポーツ活動を自分の生活の一部分としたいと回答した割合が高いものの、するスポーツではなく、みるスポーツに興味をもっていることが示されました。スポーツ環境は、北京と上海の学生は全体に利用できるスポーツ施

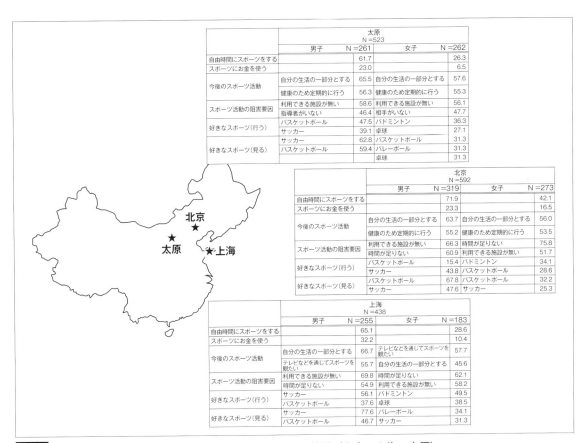

図4 中国大学生のスポーツ・ライフスタイルの地区別の特徴（北京・上海・太原）

3. マネジメント理論とスポーツマネジメント（アクチュアルレベル）

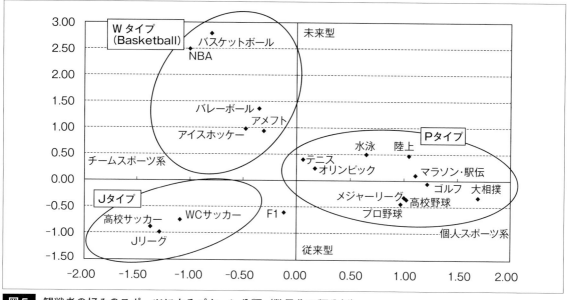

図5 観戦者の好みのスポーツによるパターン分類（数量化Ⅲ類分析）

設が無いことや、時間が足りないと感じています。一方で、太原の学生は利用できる施設が無いことや男子学生においては指導者がいないこと、女子学生は一緒にスポーツをする相手がいないとの回答が多く指導者や仲間などの人的サービスの部分が阻害要因の1つではないかと考えられます。また、スポーツの好みにおいても、上海はするスポーツもみるスポーツもサッカーを好きな男子学生が多く、北京ではみるスポーツはバスケットボール、太原ではサッカーを好む男子学生が多いことなど、地区によって特徴が異なることが示されました。その結果から、地域による効果的なスポーツマネジメントのポイントが異なることを報告しています。

日本では、関東と関西、都市部と地方などの地域による特性によって大きな差があることが予想されますが、そのようなエリア別のスポーツマーケティングがあまり行われていないのが現状です。

今後は、各地域の状況にふさわしい各現状にあった効果的なスポーツ政策の展開が求められています（図4）。

みるスポーツ

消費者からみたスポーツは、「するスポーツ」と「みるスポーツ」の2つに分けることができます。日本では、「するスポーツ」の研究が中心に行われてきました。しかし、Jリーグの開幕、2002年のFIFAワールドカップ日韓共同開催をきっかけに、「みるスポーツ」の新たな価値が増大し、「みるスポーツ」にも大きな関心が寄せられています。日本の「みるスポーツ」の代表的な存在といえばプロ野球ですが、今日ではJリーグを目標にVリーグ、Bリーグとプロ化への動きが盛んになり、効果的なマーケティング活動が必須の状況にあります。

畑、小野里（2006）は、プロ野球、Jリーグ、Wリーグの観戦者調査を実施し、好みのスポーツ種目のパターンから特徴的なセグメントを抽出しています（図5）。

そこでの結果は、プロ野球やメジャーリーグなど野球を中心として、大相撲、オリンピックといった伝統的なスポーツ群を愛好する「Pタイプ」、高校サッカー、Jリーグ、WC（ワールドカップ）サッカー、といったサッカーを愛好する「Jタイプ」、バスケットボールやNBA、アメフトなど開放的なスポーツを好む「Wタイプ」の3つのパターンを示しています。この結果は、「みるスポーツ」の観戦者はそのスポーツ種目によって明確に異なるこ

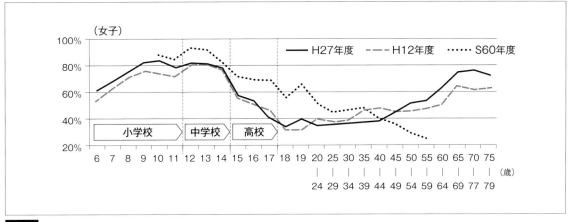

図6 実施状況「週1日以上の者」の年齢別割合の過去比較
（スポーツ庁：報道発表，平成27年度体力・運動能力の結果について）

とを明らかにしています。このようにスポーツの種目の明確な系統性から、同じ系統の種目のジョイント開催や連携したプロモーション活動の可能性など、客層に注目した有効なマーケティングの可能性を示唆しています。観戦者に対する今後のより詳細な分析に大きな期待がかかっています。

女性スポーツ

現在、女性の生活スタイルが多様化する中、女性の生き方や役割、価値観が大きく変化しています。スポーツの場面も同じ状況といえます。「山ガール」や「美ジョガー」、みるスポーツでは「カープ女子」など、スポーツを積極的に楽しむ女性が話題になっています。一方で、女性のスポーツ・運動の実施状況は、50代以上の年代では増加していますが10代後半から20代の若い年代で大幅に減少しています（図6）。このことは、既存のスポーツサービスでは、女性の多様化したニーズに応えられていない現状をあらわしていると考えられます。これまでも女性スポーツは、生理的、心理的等色んな視点で研究が進められてきました。しかし、女性の様々なスポーツ場面でのこだわりや付加価値について、特に女性固有のこだわりについて調査・分析し、満足につながる研究はあまりなされてこなかったように思われます。

水上、畑（2009-2015）は、女子アスリートである体育大生と現在スポーツをしている人が少な

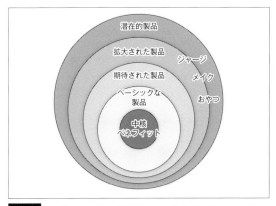

図7 女性のスポーツ行動・こだわり・付加価値

い服飾大生という、特性が大きく異なる対象者でスポーツの特性とおやつやメイク、ジャージなどのかかわりを調査してきました。その結果、体育大生は、いつもジャージでファッションに関心が無いように思われがちですが、練習着、私服用、勝負着と選ぶポイントを変え、自分のこだわりを大切にしていることや、チームスポーツの選手は、おやつをコミュニケーションアイテムと考えていること、スイーツはご褒美と位置づけているという特徴が明らかになりました。

一方、服飾大生は、スポーツが好きでよくスポーツをする学生ほど今の生活に満足している学生が多く、スポーツの話題をよく話す人ほどスポーツウェアを買いたいと思っていることが明らかにな

りました。この結果は、一見スポーツには全く関係のないことが女性のこだわりや付加価値を生み、スポーツ活動に影響していることを示しています。スポーツ場面に限らず、ライフスタイルを多方面から調査することで、女性のためのスポーツのサービスづくりが明らかになるのではないでしょうか。

図7は、コトラーの製品モデルを示しています。基本的には中心的な価値観と周辺的な価値観を明確に区分していますが、現代の消費行動は中心的な部分にはほとんど差異が無く、周辺的な価値観、いわゆる付加価値に大きな影響を受けていることはいなめません。特に現代女性のスポーツ行動の理解には、山ガールのウェアがかわいいので登山をはじめてみたい、あこがれのモデルのライフスタイルに魅かれてヨガをはじめるなど、付加価値を理解し、サービスに結びつけてゆく視点こそが重要であると考えられます。

また、今後の女性を対象としたスポーツサービスの可能性を検討するために、何を求めて活動するのか、何に満足するのかなど、もっとベーシックな本質的で実態的な女性のスポーツ行動に迫る研究も重要です。水上、畑（2016）は、「女性の輝き」に注目し、ライフスタイルや健康、自己評価などとのかかわりによる違いや実状を調査、分析をしています。置かれた状況や専門性によって違いはありますが、女性の輝きは共通する部分が多く、メイクや外見のおしゃれだけでなく、人柄や意欲など内面的なこだわりや生き方の姿勢、スタンスを重視していることを報告しています。このことから、女性の輝きを重視したスポーツサービスの必要性と女性の輝きを増すスポーツサービスの可能性が示され、双方向なかかわり方を実践してゆくことの重要性が示されています。

今後女性が生き生きと豊かな生活を送るためにも、女性の特性をさらに掘り下げるマーケティング活動が不可欠であると思われます。

舞踊愛好者

近年、キッズから高齢者に至る多くの世代に舞踊やダンスの活動が広がりをみせています。狭義のスポーツではありませんが、当然のことながらダンスや舞踊の活動もスポーツマネジメントの対象となります。一般的には、ダンスにかかわる人たちの特性や行動についてはあまり多くの報告はみられませんが、次の2つ（小野里ら，2015、石川ら，2015）の研究報告が注目されます。

まず図8は、クラシックバレエのレッスン生のライフスタイルを総合的にパターン分類した結果を示しています。その結果、左右の軸は、「実質志向－ゆとり志向」、上下は「他者志向－個人志向」を示しています。この2軸から特徴のある4つのセグメントが浮上しています。それらは、「経済的に余裕がある」、「外国旅行に行く」、「料理好き」などの項目がグループをなす「セレブ派」です。次に「友達が多い」、「社交的である」の項目から成り立つ「社交派」、中間的な「オーソドックス派」、そして「自己中心的だ」、「美術館によく行く」などの「個性派」の各セグメントが明確にあらわれています。一見、クラシックバレエ愛好者はほぼ同様で単一な参加者と思われがちですが、実は多様なセグメントで構成されているマーケットでもあるのです。

また、図9はストリートダンスの各スポットに集う若者たちのライフスタイルをパターン分類した結果を示しています。ストリートダンサーは一見、個性豊かで多様な価値観をもつ若者たちの集まりであると思われますが、実は彼らのライフスタイルはこの図が示すように単一のセグメントに集約されています。すなわち、彼らの実際はほぼ同じライフスタイルの価値観をもち、単一のマーケットを形成していることがうかがえます。このようなストリートダンサーのライフスタイルは、近年、消費の世界で熱い視線が投げかけられている「マイルドヤンキー」と類似する特徴的なマーケットと重なるものと思われます。

今後は、様々なスポーツマーケットやスポーツ愛好者に対して積極的なマーケティングアプローチが展開され提供者と需要者のマッチングの精度が高まっていくものと思われます。

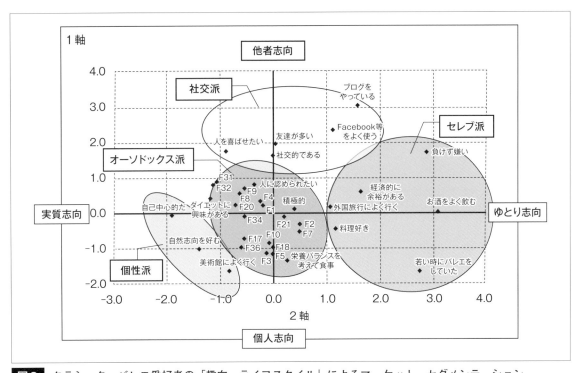

図8 クラシック・バレエ愛好者の「趣向・ライフスタイル」によるマーケット・セグメンテーション

(小野里ら, 2015)

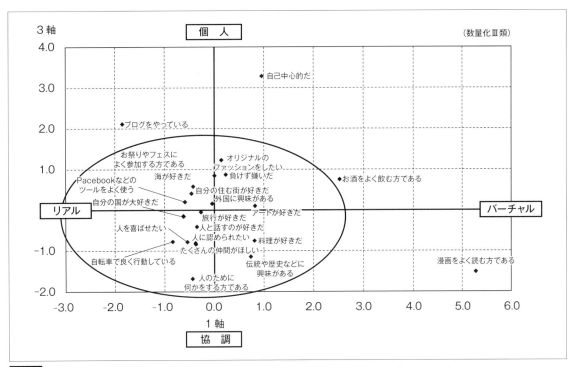

図9 ストリートダンス愛好者の「ライフスタイル」によるマーケット・セグメンテーション

(石川ら, 2015)

4 スポーツマーケティング　69

5 スポーツ政策

スポーツ政策の基本スタンス

スポーツ政策といった場合には、狭い意味では内閣や文部科学省、スポーツ庁といったスポーツにかかわる国の行政機関の方針ですが、広い意味では都道府県や市町村の地方自治体やそれらとかかわるスポーツ団体も含まれます。スポーツ行政が進めるスポーツ政策とは、医療・環境・保安・消費者保護といった「規制行政」とは対象的に、様々なスポーツ環境や条件を整えてスポーツを普及・推進・奨励する取組であるといえます。

行政機関が税金を使ってスポーツを普及・推進・奨励するのは、健康で健全な社会を築くためには国民が心身ともに健康でいてもらいたいという願いがあるからです。スポーツとは得意な人や上手な人がもっと上手になるためだけにやるものではなく、誰でも健康で文化的な生活を営むための基本的な権利だからです。国や地方自治体は国民に対してその権利を保障していく義務と責任があるのです。

このようにスポーツ政策には2つの性格が考えられます。1つは国や地方自治体が望ましいと考える方向に国民や社会を導こうとする政策です。健康で健全な社会を築くために、スポーツ実施率を高めたり、国や地域の力を示すために競技力を維持・向上させたり、スポーツによる地域の活性化やスポーツを通じた国際交流等々が考えられます。もう1つは国民の権利にとどまらず夢や希望を叶えるための政策です。身近なところで好きなスポーツが自由にできるような環境を整えてほしい、オリンピックやワールドカップ等の世界的なスポーツイベントで一流選手の素晴らしいプレイを間近でみたいという要望もあるでしょう。スポーツ政策とは上(国)からの権力的な背景をもったスポーツ政策と、下(国民)からの要望の実現のための国民的な背景をもったスポーツ政策という2つの性格をもち合わせることになります。

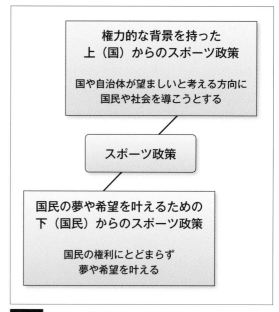

図1 スポーツ政策の二つの性格

スポーツ政策では法律や計画をつくれば終わりではなく、私たちのスポーツ生活や社会がどのように豊かになるかが求められます。その際にヒト・モノ・カネ・情報といった経営資源の面からも国や地方自治体だけで進めていくのは難しいことから、様々なスポーツ団体や企業等と連携して取り組むことが求められます。国レベルのスポーツ行政に近いスポーツ団体としては、「独立行政法人日本スポーツ振興センター法」に基づき設立された日本スポーツ振興センターやその内部組織である国立スポーツ科学センターやナショナルトレーニングセンターがあります。また公的なスポーツ団体としては1911年に日本の国内オリンピック委員会(以下「NOC」)として嘉納治五郎によって設立された大日本体育協会(現、日本スポーツ協会)や、1991年に日本体育協会(当時の名称。現、日本スポーツ協会)から独立した日本オリンピック委員会、パラリンピックに選手を派遣する日本

パラリンピック委員会とその母体となる日本障がい者スポーツ協会等があります。

また、都道府県体育・スポーツ協会や国民体育大会等の開催を契機に施設を管理したりスポーツ振興基金の運用益による事業を展開する等のために設立されたスポーツ振興財団やスポーツ医科学センターの他、日本陸上競技連盟、日本水泳連盟、日本サッカー協会等の中央競技団体や都道府県・市町村の競技団体もあります。

地方自治体では、1956年の「地方教育行政の組織及び運営に関する法律」によって、スポーツに関することは教育委員会の職務権限となっていますが、2007年の法律の一部改正によって、学校における体育に関することを除くスポーツに関する業務を、地方公共団体の長である知事や市長が担当できるようになりました。近年はスポーツが学校教育の範疇をこえた社会的な取組となっていたり、観光や福祉、まちづくりにとっても重要な位置づけとなってきたことから知事や市長が直接スポーツを取り扱う自治体も増えてきました。たとえば埼玉県草加市では自治文化部にスポーツ振興課が設置されるなど、全国各地で学校教育としての体育ではなく市民サービスとしてのスポーツを提供する部署が設置されています。

またスポーツ政策では、その時代や社会において国や地方自治体がめざす目標や姿が異なることから、時代の変遷によってスポーツ政策における政策目標が異なります。それらを日本のスポーツ振興のキーワードとしてとらえると、昭和30年代は、学校の教育課程として行われる教育活動を除き、主として青少年および成人に対して行われる組織的な教育活動であり、社会教育法を背景として展開される「社会体育」があります。昭和40年代は、高度経済成長を背景とした都市化の進展等により地域社会のコミュニティが崩壊しているといわれることから、学校や職場を中心に行われることが多かったスポーツを家族や親しい仲間と生活の一部として身近なところでスポーツを楽しもうという「コミュニティスポーツ」があります。昭和50年代は、ヨーロッパの「Sport for All運動（ヨーロッパでは伝統的にスポーツは生活・社会

表1	日本のスポーツ振興のキーワード
昭和30年代	社会体育
昭和40年代	コミュニティスポーツ
昭和50年代	みんなのスポーツ
昭和60年以降	生涯スポーツ

福祉の立場からスポーツをする権利としてとらえられてきた）」が紹介されたことで、スポーツは誰もが楽しむことができるという「みんなのスポーツ」があります。昭和60年代以降は、1984年から1987年の臨時教育審議会において生涯にわたる学習とその内容の高度化のために生涯学習に関する施策が展開され、その学習の中にスポーツ活動、文化活動、趣味・娯楽、ボランティア活動、レクリエーション活動などが含まれていたため、学習を広くとらえた「生涯スポーツ」があります。現在ではスポーツをするだけではなく、みたり、ボランティアで支えたり、社会に貢献したりするなど、スポーツにかかわることを自分の生きがいや自己実現につなげていこうという動きもあります。近年は、スポーツを実施する人やする仕組みにとどまらず、スポーツが世の中や社会にどのようにかかわるのか、国や地域の活性化にスポーツはどのように貢献できるのかというように、単なるスポーツの普及推進から、行政が戦略的にスポーツ政策に取り組んでいる時代といえるでしょう。

スポーツ政策には、国や地方自治体がスポーツによって実現したい世の中に向けた政策と国民の要望をいかに実現させていくかという政策の2つの性格があります。またスポーツ政策の実現のためにはスポーツ行政以外の行政機関との連携や、スポーツ行政にかかわる多くのスポーツ団体と連携していくことも重要になるでしょう。

わが国の主なスポーツ政策

わが国のスポーツ政策のはじまりはスポーツに関する唯一の法律として1961年に制定されたスポーツ振興法といわれています。この頃の時代背景としては、1964年に東京オリンピックを控えて、国内の体育・スポーツに関する政策的な体制を整

5 スポーツ政策　71

表2	日本のスポーツ政策の変遷と出来事
年	出来事
1911年	大日本体育協会設立
1912年	ストックホルムオリンピック出場
1915年	全国高等学校野球選手権大会(夏の甲子園)開催
1940年	開催予定だった東京オリンピックを辞退
1961年	スポーツ振興法が制定
1964年	東京オリンピック開催
1972年	保体審答申(体育・スポーツの普及振興に関する基本方策)
1989年	保体審答申(二十一世紀へ向けたスポーツの振興方策)
1990年	スポーツ振興基金の創設
1993年	日本プロサッカーリーグ(Jリーグ)設立
1997年	保体審答申(生涯にわたる心身の健康の保持増進のための今後の健康に関する教育及びスポーツの振興の在り方について)
1998年	スポーツ振興投票の実施等に関する法律が制定
2000年	スポーツ振興基本計画が策定
2010年	スポーツ立国戦略を発表
2011年	スポーツ基本法が制定
2012年	スポーツ基本計画が策定

えるという重要な意味がありました。国だけではなく都道府県にはスポーツの振興に関する機関として「スポーツ振興審議会」等を置くものとし、市町村におけるスポーツの振興のため、スポーツに関する指導および助言を行う「体育指導委員(現在のスポーツ推進委員)」が市町村教員委員会任命の非常勤公務員として法的に位置づけられました。また、国が地方公共団体に対してスポーツ振興に重要な意義があると認められるものに対しては予算の範囲内において一部を補助することができることも定められました。

スポーツ振興法が制定されたのは1961年ですが、日本ではクーベルタンの求めに応じて1912年の第5回ストックホルムオリンピックに出場するために1911年に嘉納治五郎がNOCとしての大日本体育協会を設立しています。さらにさかのぼって1903年には第1回の野球の早慶戦が、1925年には東京六大学リーグ戦がはじまっています。夏の甲子園といわれる全国高等学校野球選手権大会は1915年、春の甲子園と呼ばれる選抜高等学校野球大会は1924年にはじまり、1932年のロサンゼルス

オリンピックでは競泳だけで金メダル5個、銀メダル5個、銅メダル2個を獲得し「水泳王国」と呼ばれました。1936年には現在のプロ野球の前身となる日本職業野球連盟も設立され、1940年には幻のオリンピックといわれる第12回東京大会が開催される予定でした。日本におけるスポーツは、このようにスポーツ振興法が定められる前にすでに国民全体を巻き込む社会的な出来事や感心事になっていたことがわかります。

法律の制定という意味でのその後のスポーツ政策はスポーツくじと呼ばれる1998年の「スポーツ振興投票の実施等に関する法律」になりますが、それまでの間は保健体育審議会が大臣の諮問に対して答申を発表し、それらが具体的に実行されていくことがスポーツ政策ととらえられています。

1972年の答申(体育・スポーツの普及振興に関する基本方策について)は、ヨーロッパの国々を参考に、人口比での必要施設の設置基準を算出するなど、その後の国や地方自治体の指針となりました。また、スポーツ指導者の確保と指導体制の確立についての指摘がスポーツ指導者の公的資格

表3 2020年東京オリンピック・パラリンピック大会開催までの経緯

年	出来事
2009年	IOC総会で2016年のオリンピックがリオデジャネイロに決定
2010年	スポーツ立国戦略を発表
2011年	スポーツ基本法が制定
2012年	スポーツ基本計画が策定
2013年	2020東京オリンピック・パラリンピックが決定
2014年	平成32年東京オリンピック競技大会・東京パラリンピック競技大会特別措置法が制定
2015年	2020年東京オリンピック競技大会・東京パラリンピック競技大会の準備及び運営に関する施策の推進を図るための基本方針を発表
2015年	スポーツ庁が創設
2016年	2016リオデジャネイロオリンピック開催

付与につながっていきました。

1989年の答申（二一世紀へ向けたスポーツの振興方策について）は、市場の自由競争によって経済の効率化と発展を実現しようとする新自由主義と呼ばれる思想を背景に、スポーツの分野でも民間の力を活用しようという動きが強められました。その中で、スポーツの国際競技力向上やスポーツの裾野の拡大を図る活動に対し安定的・継続的な助成を行う制度としてスポーツ振興基金の創設が目標となり、1990年に250億円の政府出資金と民間からの寄付金約44億円を合わせた294億円を原資として基金が設立されました。その基金の運用益等をスポーツ団体の活動に助成金として交付しています。

1997年の答申（生涯にわたる心身の健康の保持増進のための今後の健康に関する教育及びスポーツの振興のあり方について）は、生涯にわたる心身の健康の保持増進のため幅広く多様な提言を行い健康とスポーツを一体としてとらえたものとなっています。

1998年には、1993年に設立されたJリーグ（日本プロサッカーリーグ）の勝敗を対象にした「スポーツ振興投票の実施等に関する法律」が成立しました。この法律の中では地域のスポーツ振興や競技水準の向上等の収益の使途も定められています。

2000年には「スポーツ振興基本計画」がスポーツ振興法に基づくはじめての計画として発表されました。この計画では、生涯スポーツ社会の実現（成人の週1回以上のスポーツ実施率を二人に一人にする）、国際競技力の向上（オリンピックのメダル獲得率3.5%をめざす）、学校体育との連携について具体的な目標が示されました。

この計画が10年間で終了を迎えるタイミングで文部科学省は、その後の概ね10年を見据えた方針として2010年に「新たなスポーツ文化の確立」をめざし、「スポーツ立国戦略」を発表しました。スポーツ立国戦略の中では、スポーツ庁を設立することやスポーツ振興法を見直し新しい政策の拠り所となる「スポーツ基本法」を検討すること、そしてこれらを実現させるために、オリンピック等の国際競技大会を積極的に招致すること等が示されています。

このスポーツ立国戦略を前提に2011年にはスポーツ振興法がスポーツ基本法に改められました。この法律では、スポーツは世界共通の人類の文化でありスポーツを通じて幸福で豊かな生活を営むことは全ての人々の権利であると定められています。また、国および地方公共団体の責務並びにスポーツ団体の努力等を明らかにしています。

この法律に基づいて2012年にはスポーツ基本計画が策定されています。この計画は、スポーツ基本法の理念を具体化し今後のわが国のスポーツ施策の具体的な方向性を示すものです。

5 スポーツ政策 73

なお、そのような流れの中で2020年の東京オリンピック・パラリンピックの招致活動及び大会開催のまでの経緯については**表3**に示すとおりです。

2014年には「平成32年東京オリンピック競技大会・東京パラリンピック競技大会特別措置法」が制定され「東京オリンピック競技大会・東京パラリンピック競技大会推進本部（本部長は総理大臣）」が設置されました。2015年には「2020年東京オリンピック競技大会・東京パラリンピック競技大会の準備及び運営に関する施策の推進を図るための基本方針」が発表されています。

2015年には、文部科学省設置法の一部を改正しスポーツ庁が創設されました。初代スポーツ庁長官には1988年のソウルオリンピック競泳で金メダルを獲得した鈴木大地氏が就任しました。スポーツ庁は文部科学省のこれまでのスポーツ振興に加えて、厚生労働省、国土交通省、外務省、経済産業省等とも連携した総合的な取組が期待されています。

今後の主なスポーツ関連政策

スポーツがバブル経済による自然成長的な経済成長に合わせて大衆化・高度化し、特に行政の財政的な支援を受けながら学校運動部活動をはじめ補助金等を活用した非営利団体等によるスポーツ活動が盛んになりました。しかしバブル経済崩壊後は日本経済の縮小に影響を受け日本のスポーツを支えてきた企業スポーツも企業の業績悪化等によって休廃部するなど縮小してきました。その結果スポーツの成長もあやぶまれてきました。国や地方自治体も財政難の中では潤沢な財源を体育・スポーツに割り当てることが難しくなり、予算を効果的・効率的・戦略的に配分しなくてはいけなくなりました。その結果、スポーツ政策は単なるスポーツの普及振興のための政策ではなく、様々な社会問題を解決するための政策課題と融合し、スポーツが手段として用いられるような政策を取らざるをえない状況となってきました。それは、経済、教育、健康、科学技術、国際交流等々多岐にわたります。

スポーツ行政の中だけのスポーツ政策ではなく、現在のわが国（政府）の取組の中におけるスポーツに着目してみると、2016年の「経済財政運営と改革の基本方針2016（経済財政諮問会議）」の中では新たな有望成長市場の創出・拡大として2020年東京オリンピック・パラリンピック競技大会等の開催に向けた取組を新しい日本の創造に関する取組として政府一丸となって進める、スポーツを成長産業としていくとされています。また2016年の「ニッポン一億総活躍プラン（一億総活躍国民会議）」においても、戦後最大の名目GDP600兆円に向けた取組の方向としてスポーツの成長産業化が取りあげられています。さらに2016年の「日本再興戦略2016（日本経済再生本部・産業競争力会議）」では、具体的施策の中でスポーツ・文化の成長産業化が取りあげられ、新たな具体的施策としてスタジアム・アリーナ改革、スポーツコンテンツホルダーの経営力強化、新ビジネス創出の促進、スポーツ分野の産業競争力強化が取りあげられています。

2016年にはスポーツ庁が「スタジアム・アリーナ改革指針」を発表し、文部科学省は「大学スポーツの振興に関する検討会議（中間とりまとめ）〜大学のスポーツの価値の向上に向けて〜」を発表しています。大学横断的かつ競技横断的統括組織（日本版NCAA）の創設について示されています。

スポーツを通じて全ての人々が幸福で豊かな生活を営むことができる社会の創出をめざして2012年に策定されたスポーツ基本計画は5年間を期限としていたことから、2017年には第2期スポーツ基本計画が策定されました。基本方針を「スポーツが変える。未来を創る。Enjoy Sports, Enjoy Life」とし、スポーツの「楽しさ」「喜び」こそがスポーツの価値の中核であり全ての人々がスポーツの力で輝くとともに自己実現を図り、主体的に取り組むことによって前向きで活力ある社会と絆の強い世界を創るという基本方針を示しています。

2020東京オリ・パラに向けて国は、公益財団法人東京オリンピック・パラリンピック競技大会組織委員会とは別に内閣官房に東京オリンピック競

技大会・東京パラリンピック競技大会推進本部が設置され担当大臣も任命されています。単に2020東京オリ・パラの成功をめざすだけではなく基本方針として大会を通じた新しい日本の創造を掲げ「大会を通じた日本の再生（被災地の復興等）」「日本文化の魅力の発信」「スポーツ基本法がめざすスポーツ立国の実現」「健康長寿・ユニバーサルデザインによる共生社会の実現」をめざすとされています。

観光庁は2011年にスポーツツーリズム推進基本方針を発表し、2012年に日本スポーツツーリズム推進機構を設立するなど、観光立国日本の実現に向けてスポーツとツーリズムを融合するような取組を進めています。スポーツ庁は文化庁や観光庁とともに2020年東京オリ・パラ等の世界的なイベントの開催を控え、各地域のスポーツイベントと文化芸術資源を結び付けて新たに生まれる地域ブランドや日本ブランドを確立・発信し、訪日観光客の増加や国内観光の活性化を図るため2016年に包括的連携協定を締結しました。その具体的な取組として「スポーツ文化ツーリズムアワード」として各地域の優秀な取組を表彰しています。

近年はパラリンピックの開催により障がい者スポーツにも注目が集まるようになってきました。しかし、ろう者のオリンピックとして開催されているデフリンピックは1924年にはじめて開催されるなどパラリンピックより古い歴史があり、日本は1965年から参加しています。また知的障がいの

ある人たちにスポーツを通じて社会参加を応援するスペシャルオリンピックスが1968年に設立され、日本では1994年にスペシャルオリンピックス日本が国際本部より認証を受けて発足しています。

これからのスポーツ政策は、スポーツの普及振興、競技力の向上、アンチドーピングの推進といったスポーツのための政策から、現代社会をより反映して国や地方自治体の政策に連動したものになると予想されることから、その時代における国や地域の状況や変化を十分に理解し、スポーツが世の中とどのようにかかわっていくことができるのか考えていく必要があるでしょう。

また、心と体のバリアフリー等で障がいのある人が参加できるスポーツ環境を整えるだけではなく、健常者と障がい者が一緒になってスポーツができるようなインクルーシブな取組や社会の構築もスポーツ政策が後押ししていく必要があるでしょう。

スポーツ政策とマネジメント

スポーツを学ぶ人は、スポーツが今後進もうとする方向を示すスポーツ政策とそれらをどのようにマネジメントしていくかということについて十分に知っておく必要があります。それは、無意味で非効果的・非効率的なスポーツ政策が企画・立案されて税金が無駄使いされることを防いだり、スポーツをする上で地域スポーツや競技力向上等において目標を達成するために有効な事業や制度

表4 第2期スポーツ基本計画

中長期的なスポーツ政策の基本方針〜スポーツが変える。未来を創る。Enjoy Sports, Enjoy Life 〜
1. スポーツで「人生」が変わる！（スポーツを生活の一部とすることで、人生を楽しく健康で生き生きとしたものにできる）
2. スポーツで「社会」を変える！（スポーツで社会の課題解決に貢献し、前向きで活力に満ちた日本を創る）
3. スポーツで「世界」とつながる！（スポーツで世界に発信・協力し、世界の絆づくりに我が国が貢献する）
4. スポーツで「未来」を創る！（2020年東京オリンピック・パラリンピック競技大会等を好機として、スポーツで人々がつながる国民運動を展開し、オリンピックムーブメントやパラリンピックムーブメントを推進することで、レガシーとして「一億総スポーツ社会」を実現する。）

が活用されるようにするためです。

　マネジメントの階層には、トップマネジメント・ミドルマネジメント・ロワーマネジメントがあるといわれています。トップマネジメントでは不確かな未来に対して予測を立て、より良い成果があげられるように決断し方針を決定していくことが求められます。ロワーマネジメントでは決められた方針や事業を限られた経営資源の中で効果的・効率的に無駄なく遂行することが求められます。そして現場の声をトップに伝え、トップの意思を現場に届けるためのミドル・マネジメントも重要になります。

　スポーツ政策も法律や計画を立て財源を確保することは重要ですが、スポーツ人口を増やす、豊かなスポーツライフを実現する、スポーツで地域を活性化する等々のスポーツ実践者の目標や未来に向かって取り組むわけですから、国からスポーツ現場やスポーツ実践者に近い市町村までが一体となったトップマネジメントからロワーマネジメントまでの取組が必要となります。

　具体的にスポーツ政策とマネジメントといった場合には、法律をつくったり計画や方針を立て予算を獲得するといったトップマネジメントが考えられます。そのためには政治家になるか政治家にアドバイスできる立場にならなければいけません。もしくは行政職員として計画や方針を立てる仕事にかかわることですが、行政職員は人事異動で担当業務がかわることが多いことから、スポーツ政策だけを専門の仕事にすることは難しいでしょう。

　スポーツ政策を遂行する公的機関としては、日本スポーツ振興センターや日本スポーツ協会、日本オリンピック委員会、日本障がい者スポーツ協会、日本レクリエーション協会、中央競技団体等があり、都道府県や市町村にもそれぞれのスポーツ団体があります。このような行政や公的なスポーツ団体だけではなくスポーツ用品産業やフィットネスクラブ等のスポーツ・健康産業、新聞や雑誌、テレビ等のメディアやICT等の民間企業の取組とも連携していかなければ、税収という財源が潤沢ではない現在はスポーツ政策の目標達成は難しいといえるでしょう。

　またスポーツ政策をマネジメントする上で重要なことに政策評価があります。評価すること自体はマネジメントの世界ではPDCA（PLAN-DO-CHECK-ACTION）サイクルやマネジメントサイクルといわれており特別新しいことではありません。

　政策評価がはじまったのは、行政が法律の制定や予算の獲得等に重点が置かれて、その効果やその後の社会の変化に基づいて政策を見直すことに積極的に取り組んでこなかったからだといわれています。そのため2001年に「行政機関が行う政策の評価に関する法律」が制定され政策評価制度が

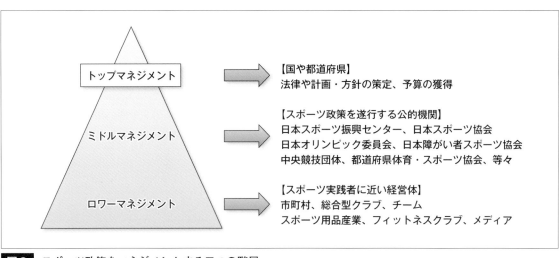

図2　スポーツ政策をマネジメントする三つの階層

スタートしました。政策には税金が使われているのですから納税者である私たちに対して意味のあることに効果的・効率的に税金が使われているのか説明責任を果たすことは重要になります。

　また評価する際には、インプット、アウトプット、アウトカムについて理解しなければいけません。インプットとは何にどれだけの経営資源（予算や人員等）を使ったのかということで、アウトプットとはインプットによってどのような行政サービスが生み出されたのか（たとえば、どれだけの大きさや設備の体育館を建設したのか等）のことをいい、その行政サービスによるアウトプットによってもたらされた成果をアウトカム（たとえば、体育館が建設されることによって、どれだけスポーツ人口が増えたか、体力が向上したか等）といいます。文部科学省における政策評価（平成27年度実施施策に係る事後評価書）では、「子供の体力の向上」に対して、アウトプット（活動指標）を「体育・保健体育の授業改善に取り組んだ学校の割合」等とし、アウトカム（成果指標）を「子供の基礎的運動能力に係る結果（新体力テスト合計点）」に設定しています。

　アウトプットは税金を使ってこれをやりましたよという結果の説明であり、そのアウトプットによってどのような成果があった（役に立った）のかがアウトカムになります。国民への説明責任はアウトプットだけでは十分ではなくアウトカムも必要なのです。またアウトカムを評価するためには、それが具体的に評価できるような目標・指標として設定しなければいけません。さらにいえば、その政策や事業の成果は何かということを定義しなければいけません。ドラッカーは『非営利組織の成果重視マネジメント』の中で、自己評価手法として5つの質問をしています。その中で「われわれの成果は何か？」と、「成果をあげるためにはまず成果を定義しなくてはならない」と述べています。

　さらにこれからのスポーツ政策をマネジメントしていく上で重要なことに、指定管理者制度をはじめとしてどれだけ民間の力を活用できるかということも考えられます。新自由主義の社会は、収

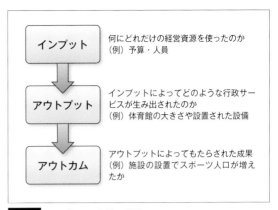

図3　スポーツ政策の評価

益をあげるために競争原理の働く民間の力を活かすということですが、スポーツが民間活力だけにゆだねられていくと費用を負担できる余裕のある人かスポーツにお金をかけても良いと思える人しかスポーツをしない社会になってしまいます。

　もちろん高額な費用を負担してでも、より高度で専門的だったり、個人的な関心によるニッチなスポーツサービスを求めるニーズもあるでしょうから、民間の力を最大限に活かしたサービスが提供できるような政策も必要でしょう。

　しかしスポーツが文化で権利である以上、障がいのある人や社会的弱者といわれる人たちにとっても、スポーツを生活や社会福祉の立場から誰もが楽しむことができる政策を同時に考えていくことも、健康で健全な社会の中で豊かなスポーツライフを送るためには重要なスポーツ政策のマネジメントであるといえます。

　スポーツ政策をマネジメントするには、現状を十分に理解し未来に向けて望ましい方向性を示すというマネジメントと、政策上の到達目標を十分に理解した上で、関係の団体や民間の力も活かしながら、より効果的・効率的に事業を遂行するためのマネジメントが求められます。

　またスポーツ政策をマネジメントするには、説明責任を果たすためにもスポーツ政策におけるアウトカム（成果）をきちんと定義し、その成果が十分にあげられたのかを評価し、次の企画立案につなげられるかというマネジメントが求められます。

コラム-4　子供の体力向上のためのマーケットセグメンテーション

　子供の体力の低下については、ひところほどにはマスコミなどで取り上げられなくなっています。もはや子供たちの体力が低いレベルで停滞・常態化をしているからでもあります。しかしながら、全ての子供たちの体力が低下をしているわけではなく、その年の全国の子供たちの平均値が低下をしているということに着目をする必要があります。

　図は子供たちの体力測定の判定結果の分布をわかりやすく示したものですが、低いグループのA、やや低いグループのB、平均的かそれ以上のC、そして優秀なEとグループ分けをしています。このグループはマーケティング的には、それぞれの意味のあるセグメントを示しているととらえることができましょう。そして、それぞれのセグメントに応じた効果的な対応が示唆されます。

　Eのグループは、自ら強豪の運動部やクラブチームに加入をし、場合によってはエリートアカデミーなどの環境で世界をめざす可能性のあるグループとなりましょう。Cのグループは標準的な児童生徒であり、通常の授業や部活動、地域のクラブなどのように状況に応じて対応できるグループを示しています。Bのグループはやや平均を下回るグループなのですが、あと少しの努力と何らかの補充的なアクションで向上が期待できることを示唆しています。Aのグループは、さらに手厚いサポートが必要であり、状況によっては学校以外の個別な対応が必要となる場合があるかもしれません。

　子供の体力向上のためのマーケティングアプローチの基本的なスタンスとして、それぞれの子供たちに応じた適切な教育的対応とともに、学校だけではなく、地域やスポーツクラブ、あるいは家庭などでの効果的なアクションを活用するマネジメントのあり方も求められましょう。

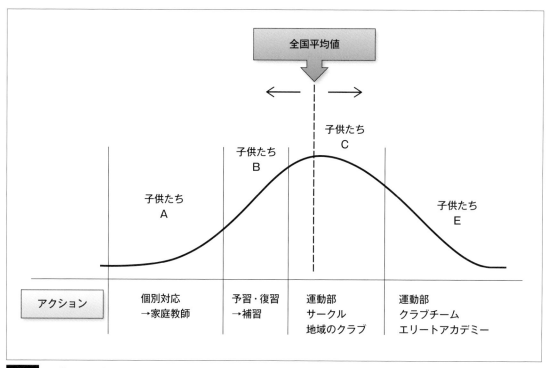

図　子供たちの体力測定の判定結果の分布とセグメント

第4章

生きたスポーツマネジメントに向けて

（トピックスへのマネジメントアプローチ）

1．スポーツの普及・振興をめざして
　①アスリート育成とマネジメント
　②スポーツ少年団とマネジメント
　③ダンス指導とマネジメント

2．スポーツビジネスの発展をめざして
　①フィットネスクラブとマネジメント
　②女性スポーツとマネジメント
　③マンガとスポーツマネジメント

3．スポーツ教育の充実をめざして
　①保健体育の教育とマネジメント
　②体育の授業づくりとマネジメント
　③児童生徒の健康教育とマネジメント
　④子供の体力向上のマネジメント

4. 生きたスポーツマネジメントに向けて（トピックスへのマネジメントアプローチ）

1 スポーツの普及・振興をめざして

①アスリート育成とマネジメント

アスリートの育成に必要なことは、選手がもっている能力を最大限に伸ばすことです。そのためには選手に適切な指導を行うとともにトレーニングや試合環境を整備することが必要です。

選手に対する指導は、選手の身体的な特性や性格、競技レベル、年齢などによって違ってきます。たとえば、発育途中で身長が伸びている中学や高校では適度な負荷でオールラウンドな身体づくりが求められるし（伊藤, 1992）、シニアのアスリートにはウエイトトレーニングやプライオメトリクスなど、より強度が高く、専門的な体力の獲得をめざしたトレーニングが必要となります（村木, 1992）。こうしたトレーニングや技術・戦術的な指導についてはコーチング的な側面としてとらえることができます。

一方で、トップレベルのアスリートをより高い位置までその競技力を高めるためにはさらに高いコーチングとともにそれに必要なトレーニング環境を整えることが求められます。そして大会で記録を出すためには、試合を適切な時期に配置するという試合環境の整備というのも必要となってきます。これらはマネジメント的な側面としてとらえることができるでしょう。

アスリート育成の実際（陸上競技の場合）

ここでは筆者自身が携わってきた陸上競技・跳躍ブロック（2012〜2016まで日本陸上競技連盟強化委員会跳躍部長）の強化支援を参考に、トップアスリートの育成とマネジメントについて紹介していきたいと思います。

陸上競技の強化体制はオリンピックごとに改編されることが一般的です。それはちょうど4年ごととなり、オリンピックの翌年となる1年目に世界選手権、2年目にアジア大会、3年目に世界選手権を挟んで、4年目のオリンピックという周期になっています。4年後のオリンピックで最高の

成績を出すためには、中期の計画を立案し、それに基づいて年次ごとの目標設定を行っています。ロンドンからリオデジャネイロオリンピックまでの4年間の陸上競技における強化システムは、一般種目と長距離・ロード種目とに分かれて強化が進められてきました。以下がその分類です。

◆一般種目
- トラック種目（男子短距離、女子短距離、障害）
- フィールド種目（跳躍、投擲）
- 混成競技（十種競技、七種競技）

◆長距離・ロード種目
- トラック種目（中距離、男子長距離、女子長距離）
- ロード種目（競歩、男子マラソン、女子マラソン）

跳躍ブロックでの体制づくり

私の担当は一般種目のフィールド種目で、跳躍ブロックでした。これには走高跳、棒高跳、走幅跳、三段跳が含まれていますが、現在のオリンピック種目は4種目全て男女で実施されているため、男女別にすると合計8種目が含まれることになります。跳躍ブロックでは、それぞれの種目に2名ずつコーチを配置し、これに科学分析を行うメンバーを加えてスタッフが構成されました。それぞれの担当コーチが予算に応じて強化計画を立案して実施していくことになります。

選手強化の最初の段階は対象とする強化選手の選出です。それぞれの種目が使える予算は限られているため、ブロック内で効率よく強化を行っていくには、各種目で3名程度を目処に合計24〜25名程度の強化対象選手を選出します。跳躍種目の場合、この選出にはある一定の記録や主要大会での成績によって選ぶのはもちろんですが、強化委員それぞれが国際レベルに到達する可能性がある選手を検討して選んでいきます。

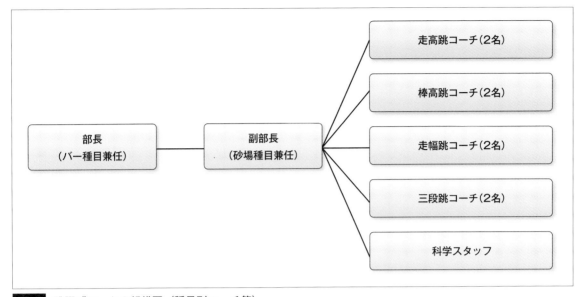

図1 跳躍ブロックの組織図（種目別コーチ等）
※バー種目は走高跳と棒高跳、砂場種目は走幅跳と三段跳のことを指す

　陸上競技では、競技力向上を図るにはタレント性のある選手を伸ばしていくことが効果的です。タレント性のある選手とは記録の伸びる可能性が高い選手のことです。早熟ではなく、まだ体はでき上がっていないが、動きがしなやかで伸び代がまだまだありそうな選手のことを指します。こうした身体的なことに加えて、試合運びや追い込まれた時に力を発揮できる勝負強さ、日常生活や練習への取組方などの競技に対する姿勢などが加味されて決められていきます。4年間という期間では選手の入れ替わりももちろんありますが、それぞれの種目で軸となる中心的な選手はほとんど変わることはありません。入れ替わることがあるとしても若手選手の場合が多いのが実状です。

強化選手と各コーチの連携

1 強化方針の共有化

　こうした強化選手の選出ができたら、次の段階はブロック全体の目標と強化方針の説明です。目標と方針の説明にはブロック合宿を活用します。

　跳躍ブロックでは、リオデジャネイロオリンピックでの目標をメダル獲得としました。

　これまで日本の跳躍種目は、三段跳でのオリンピック三連覇など輝かしい成績を残してきましたが、近年はメダル獲得どころか入賞がやっとの状態で、過去5大会については入賞が1つもありませんでした。その状況の中では今回の目標は非常に高いと思われますが、過去のデータをみてみると多くの男子跳躍種目は本番で日本記録と同等の記録を出すことができれば入賞もしくはメダルの獲得も可能なレベルにあることがわかりました。特に男子棒高跳はベテランから若手までタレントもそろっていたのでこの4年間の中心種目に据えて強化を進めることが決まりました。予算も棒高跳が優先されるため、他の種目よりはやりたいことが多くできます。その分、結果が求められることも選手と各担当コーチ全員が共通で理解し、それぞれが責任をもって進めていくことが確認されました。

2 各パートでの強化活動

　全体的な強化方針が終わると次はそれぞれのパートに分かれての実際の強化が行われていきます。

　それぞれのコーチは、選手強化に向けてベストな方法を模索しながら計画を立案し、合宿では専門的体力を向上させるためのトレーニング方法や技術指導も行います。また、世界の技術やトレーニング方法を習得するため、海外の一流コーチの

トレーニング拠点に行って長期の合宿を行うこともしました。たとえば、棒高跳パートは世界トップクラスの選手を多く輩出しているフランスに赴き、そこでの技術やトレーニング方法を学んできました。こうした海外の合宿には選手だけでなくコーチも派遣しました。帰国してからも学んできた技術やトレーニングを継続して行うだけでなく、コーチのレベルアップを図ることもねらいでした。

　選手を世界レベルに引きあげるには、こうしたトレーニング環境の整備だけでなく、試合での経験値を高めていく必要があります。特にフィールド種目は試合時間が長いため、自分のペースで試合を進めるには外国の選手や審判と英語でコミュニケーションを図ったり、進行状況を確認したりする必要があります。海外で日本選手が力を発揮できない時は、海外での試合環境に慣れていないことも理由の１つです。そしてレベルの高い海外試合に参加することによって、オリンピックや世界選手権といった大きな大会でも国内の大会と同じ感覚で競技ができるようになります。こうした経験も世界で勝負するには必要なのです。

❸ 選手選考と各選手へのサポート

　陸上競技では、オリンピックや世界陸上といった国際試合に参加するには国際陸上競技連盟で設定された参加標準記録を突破することが求められています。この記録は世界のランキング上位（種目によっては世界ランキング30位程度）に設定されていることもあり、風や競技場のサーフェイスなどの条件が整っていないと記録突破が難しいのが実状です。記録突破をめざすため、海外も視野に入れながら記録の出やすい競技場での試合を設定することも少なくはありません。

　また、選手選考に必要な基準づくりも強化委員の役割の１つにあります。選考基準に達した選手ならば国際試合で活躍してくれるはずだという期待とともに各選手にその選考基準に達するくらいのところまで実力をつけて欲しいという意図があるからです。記録的には国際陸連が定めている参加標準記録を突破しているということは当然の条件となりますが、これに加えて国内での選考競技

会での結果や記録なども加味されて選考基準が作成されます。こうした選考基準は、公平を期すため、大会前に提示されることが近年では通例となっています。

　大きな大会で結果を出すためのサポートというのも選手育成には必要なことです。海外での大会では、時差調整のための事前合宿を行ったり、近隣の国で行われる大会でも調整合宿などを行ったりして本番に向けた準備を行います。こうした合宿に帯同し、選手のコンディションの把握とともに技術的なアドバイスを行うことも仕事の１つとなっています。

　大会本番では、選手が力を発揮するために直前の細かな調整での指導とともに、試合中にはあらゆることを想定して選手へのアドバイスを与えたりもします。

アスリート育成とマネジメント

　ここでトップアスリート育成における仕事内容についてまとめておきたいと思います。主な仕事は以下があげられます。
- 強化選手の選出
- 選手ならびにコーチに対する目標と強化方針の共有
- 強化計画の立案
- 予算案の策定と予算管理
- 競技会のカレンダーの検討（試合計画）
- 合宿の帯同と選手指導
- 国内外の各種関連大会への選手派遣と帯同（選手指導）
- オリンピックや世界選手権等の各種国際大会への選考基準の策定
- 代表選手の推薦

　一方で、こうしてみるとレベルの高いアスリート育成には、コーチングの側面としては合宿や大会での指導が主で、それ以外はマネジメント側面が多いことがみてとれます。大会派遣や試合配置、合宿計画などに加え、ブロックとしての事業計画やそれらを実施するための予算案の策定と管理、さらには海外試合出場に向けた大会主催者や代理人との交渉などです。これらにそれぞれの選手や

専任コーチとの連携なども考慮すると、トップアスリートの育成ということについては、コーチングというよりはマネジメントの側面がほとんどであるように思います。

次に、アスリート育成にかかわるマネジメントを構造化して考えてみたいと思います。アスリート育成の活動では、**図2**に示すように「コーチングマネジメント」「サポートマネジメント」「組織マネジメント」「政策マネジメント」に構造化することができます。

ここでの「コーチングマネジメント」とは、主役であるアスリートとコーチングスタッフの接点における様々なマネジメントが含まれます。たとえば、アスリートの個性に応じた微妙な環境の調整や声かけなどです。

「サポートマネジメント」は、単にアスリートとコーチの関係だけではなく、組織的な様々なサポートがあげられます。それらは、栄養やフィジカル、メンタルなどのコンディショニングにかかわるサポートであり、また映像分析や各種の記録・トレンドなどのサポートがあります。これらを総合的に調整して、コーチング現場に提供するのがサポートマネジメントです。

「組織マネジメント」とは、各分野の組織に共通する一般的な組織マネジメントを指します。各種目の競技団体においては、企業などの組織の活動と似ている部分もありますが、特にアスリートをサポートする競技団体においては、国やマスコミ、スポンサーさらに競技日程などの条件を調整し、最適化を図り、アスリート育成現場を支えるマネジメントが求められます。さらに、「政策マネジメント」ですが、国際的な競技会を視野に入れた競技団体の組織的な活動が強く求められます。その舞台が海外における国際大会の場合が多く、国際オリンピック委員会（IOC）や国際競技連盟（IF）、場合によっては世界アンチ・ドーピング機構（WADA）の方針に沿ってサポートを進めることが不可欠です。これらを効率良く進めるには、中心組織である競技団体が効果的に調整をし、コーチングスタッフやアスリートに情報をつなぐためのマネジメントが必要であることを示しています。

ここで述べたマネジメントは、アスリート育成として現実的に行われているものですが、今後はさらに科学的な研究の立場からアプローチすることが期待されています。

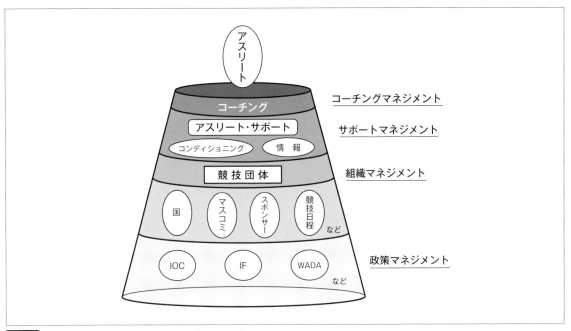

図2 アスリート育成のためのマネジメント構造

1 スポーツの普及・振興をめざして
②スポーツ少年団とマネジメント

スポーツ少年団とは

スポーツ少年団は、日本体育協会の創立50周年を記念した事業として1962（昭和37）年に創設されました。「一人でも多くの青少年にスポーツの歓びを提供する」「スポーツをとおして青少年のこころとからだを育てる」ことを理念として掲げ、地域を基盤とし、スポーツ活動を通じて、子供たちを健全に育成することを目的に活動をはじめました。創設当初は22団753人の団員からスタートしましたが、1964（昭和39）年の東京オリンピック競技大会の開催で、国全体のスポーツへの関心が高まったことも影響し、団、団員、指導者が急激に増えていきました。その後、さらにその活動を活発化させるために、1974（昭和49）年、国際交流事業として日独スポーツ少年団同時交流を開始しました。

しかし、社会状況の変化とともに、子供たちを取り巻く環境も、大きく変わることとなりました。当然のことながら、スポーツや遊びの環境も変化しました。そこで、2009（平成21）年、これからのスポーツ少年団のあり方が検討され、「スポーツ少年団の将来像」が策定されました。そして新たに、「スポーツで人々をつなぎ、地域づくりに貢献する」という理念が加わっています。

2015（平成27）年現在、全国に3万3千団、72万人の団員が在籍しています。種目は60種類以上あり、今や、日本で最大の青少年のスポーツ団体になっています。

スポーツ少年団の組織と活動

少年団の活動は、主となるスポーツ活動だけではなく、文化・学習活動や社会活動など、幅広い活動を展開しています。レクリエーション活動やキャンプなどの野外活動、また、地域の行事への参加や奉仕活動など、地域とも積極的にかかわっ

ています。これらの活動の主体は団員である子供たちです。そして、育成母集団（保護者や地域住民）と指導者（運営者や技術指導者）が協力しながら団を運営し、その活動を支えています。

地域には、子供たちを対象にした様々なスポーツ活動の場がありますが、スポーツ少年団では、異なる年齢集団で、放課後や休日など自由な時間を利用し、みんなで役割を分担しながら、自主・自律的に活動しています。行政や学校などが主導するのではなく、子供たち、保護者や地域住民、指導者が協力しながら運営していることが大きな特徴となっています。

スポーツ少年団の問題点

このように地域社会を拠点として50年以上活動を続けてきた少年団ですが、いくつかの問題も抱えています。近年は団員が減少し続けています。2010（平成22）年以降は、年2～3万人減少しています。それに伴い、団や指導者の数も減少し、活動を停止せざるを得ない団も増えています。また、活動内容や運営についての見直しを要する問題も少なくない状況です。これらは以下のようにまとめられます。

1）団・団員・指導者の減少と活動に対する誤解、環境の変化
2）運営の問題点：初期の政策理念のまま（健全育成）で今日的なビジョンが必要
3）組織の問題点：運営が硬直化しており、古くから特定の人に任されている場合が多い

地域での身近なスポーツの場として、スポーツ少年団を存続させ、団員を増やし、活動をさらに活性化させるのかが、現在の大きな課題となっています。

今までスポーツ少年団は、国や文部科学省など

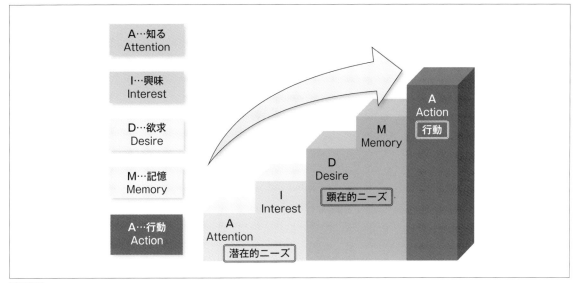

図1 AIDMAの認知・行動過程

の政策や指針、日本体育協会の方針や提言に基づいて活動を続けてきました。マネジメントについては、あまり意識されておらず、スポーツ活動を対象にしたスポーツマネジメントの立場から、見直す必要があるのではないかと考えられます。先に紹介した「スポーツ少年団の将来像」の中には、今後の取組の方向性と活動目標について提案されており、その中に、「子供たちや地域社会のニーズに応える組織の構築」が掲げられています。「子供たちのニーズに応え、地域社会から期待され、青少年の健全育成に貢献する組織をつくり、地域スポーツクラブとして発展することが望まれている」と記されています。

そこで、特にマーケティングの視点から、活動の中心である子供たちのニーズと、保護者のニーズを探り、これからのスポーツ少年団について検討を加えた研究の中心部分を紹介します。

マーケティングの視点からの調査研究

江向（2016）は、子供たちの運動やスポーツ活動の状況、生活の満足度、日常生活（習い事など）の状況についての調査を報告しています。この中で、子供たちからみたスポーツ少年団の認知状況についての分析をしています。AIDMAの認知・行動過程に基づいて、スポーツ少年団を「知らない」「知っているが興味はない」「興味がある」「入ってみたい」「入っている」と分類しています。AIDMAの認知・行動過程は、（図1）のように表すことができます。「スポーツ少年団を知らない」と回答した子供たちは、少年団の存在を知ることにより、何らかのニーズをもつ対象者になる可能性があります。そして、「知っているが興味はない」（Attention）「興味がある」（Interest）「入ってみたい」（Desire）と、このように階段を一段ずつのぼるようなプロセスを経て、「行動」（Action）、つまり、実際に入団する段階に移行することを想定しています。

まず、スポーツ少年団に入っていると回答した子供は26.9％いました。全国の小学生の加入率は9.8％（2014調べ）であることを考えると、この研究対象の地域は加入率が非常に高いことがわかります。

ここで、ニーズに注目してみると、「興味がある」や「入ってみたい」と回答した子供たちは、スポーツ少年団に対して表面的なニーズがあるといえます。この段階では、何らかのきっかけや、アプローチによってすぐに入団する可能性が高い子供たちであるということがうかがえます。

一方で、スポーツ少年団を「知らない」「知っ

ているが興味はない」と回答した子供たちは、今の少年団の広報活動では少年団の存在に気づかない、また、現状の種目やプログラムでは魅力を感じていない子供たちであることがわかります。現段階では、これらの子供たちには潜在的ニーズがあるととらえることができます。広報活動の工夫や、活動内容や運営の見直しをすることで、少年団に興味をもつようになることが可能になるかもしれません。

つまり、スポーツ少年団に入っている子供たちを除いた70％以上の子供たちに、どのように対応していくのかが、スポーツ少年団の活動をさらに活性化するための今後の課題になる、ということを示していると考えることもできましょう。

また、「好きな運動遊び」（図2）についての質問では、スポーツ少年団に入団している子供と入団していない子供の回答を比較しています。

その結果、「ドッジボール」や「鬼ごっこ」に対して、スポーツ少年団への入団の有無にかかわらず、多くの子供たちが「好き」と回答しています。「キャッチボール」、「キックベース」は、特に入団している子供たちに人気があり、「なわとび」や「長なわ」は、入団していない子供たちに好まれていることを示しています。この結果は、普段スポーツや運動をやっていない子供たちや、スポーツや運動が得意ではない子供たちであっても、これらの「運動遊び」は好きであることから、この子供たちに合った少年団の活動内容を示唆しているものと考えられます。また、スポーツ少年団で、各種スポーツの専門的な競技技術を身につけ、高いレベルをめざして練習している子供たちもこれらの素朴な「運動遊び」を好んでいることから、より豊かな内容にするためのヒントが隠されているようにも考えられます。

このようなことから、今の子供たちにはスポーツ少年団への潜在的ニーズがあり、また、今後の加入が量的に見込まれるとともに、現在のスポーツ少年団活動の内容（子供の能力など）に対する配慮が必要だといえます。

これからのスポーツ少年団は、今までの「健全育成」の理念を継承しながらも、競技重視の活動だけでなく、新しいタイプの活動や、プログラムを行う少年団も望まれるのではないでしょうか。例として、運動が得意ではない子供たちのための「予習・復習教室」や「運動遊び」や楽しく体を動かすプログラム、また、通常の少年団活動の中にそのようなものを取り入れるなどの工夫の余地があるということを示しています。

スポーツ少年団とマネジメント

マネジメントの視点の中でも、特にマーケティングの手法を用いて考えてみると、スポーツ少年

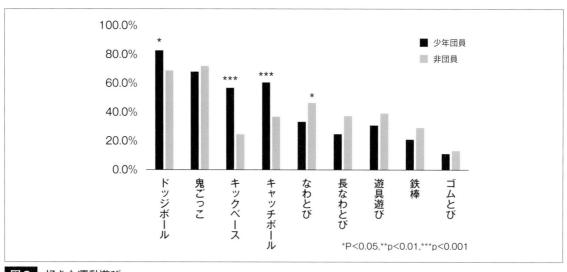

図2 好きな運動遊び

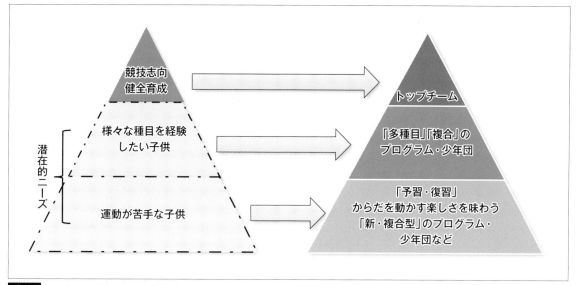

図3 スポーツ少年団への総合化の提案

団の今後の可能性が浮上します。

競技を中心に行い、専門技術の向上や試合に勝つことをめざし、多くのアスリートを生み出してきたこれまでの団の活動は、従来通りにトップチームとして継続させていくことが考えられます。

また一方で、これまで入団経験のない潜在的なニーズをもつ子供たちのためのスポーツ少年団にも可能性をみいだすことができます。たとえば、1つの専門種目にこだわらず、様々な種目を経験したい子供たちのために、「多種目」「複合」のプログラムを中心に展開する少年団も考えられます。

また、運動が苦手な子供たちは、積極的な参加者になることは少ない状況でしたが、たとえば、体育の時間の「予習・復習」を行うプログラムを展開する少年団や、運動遊びや、体を動かす楽しさを味わうプログラムを行うなどの新たな少年団のあり方を示唆しているものと考えられます。「新たな複合型・結合型の少年団」という方式などです。図3はそのような総合化を試みた少年団の1つの提案です。

このように、マーケティング、特にニーズを中心に検討するだけでも、このように多くの可能性がうかがえます。

畑（2008）はスポーツマネジメント研究の構図で、スポーツマネジメントの主要な内容と方法について次のように示しています。それは、「公的機関（行政）を中心とする政策論からのアプローチ」「行動科学論、経営学に基づく組織づくりや運営に関する組織論からのアプローチ」「ヒト、モノ、カネを有効に活用するための資源論からのアプローチ」そして、「売れる仕組みづくりや参加者に満足を与えるマーケティングからのアプローチ」の4つのマネジメントアプローチから総合的にスポーツ活動を展開することの重要性です。スポーツ少年団をさらに現代的にするためには、このようなマネジメントの視点から、活動のあり方を見直す必要があるように思われます。

また、地域の特性や文化を活かすこと、他団体との連携や協力、またスタッフや施設を有効に活用するためのアプローチ、そして、参加者のニーズや志向、満足についてさらに踏み込んだアプローチが望まれています。

これからのスポーツ少年団は、地域とのつながりや結びつきを強めながら、さらに発展をし、子供たちのスポーツ活動の根底を支える重要な役割を担っていくことになるでしょう。そのためにも、様々なスポーツマネジメントの視点を踏まえて、研究的に取り組むスポーツ少年団に、大きな期待が寄せられています。

4. 生きたスポーツマネジメントに向けて（トピックスへのマネジメントアプローチ）

1 スポーツの普及・振興をめざして
③ダンス指導とマネジメント

多様に広がるダンスの文化

　ダンスは、人類の歴史とともに存在し、人々の想いや願いを表現しながら、それぞれの時代の中で生き続けてきたといわれています。豊穣を祈願して、戦闘の勝利を願って、祭りや祝いの席で、通過儀礼に際して等々、原始、古代から、人々の生活の様々な場面の中でダンスは踊られてきました。やがて、これらのダンスが次の世代へ受け継がれ、他の地域へ伝播、変容し、踊りそのものを楽しむ娯楽としてのダンスや芸術的な作品としてのダンス等へも分化しながら、時代の流れとともに多様に広がりをみせてきました。

　現在、ダンスは子供から大人、高齢者まで、それぞれのライフステージにおいて、様々なかかわり方で楽しまれています。これらのダンスの事象について、これまで様々に分類が試みられていますが、松本（2008）は、舞踊文化と教育を考える指標として、自文化－異文化を横軸に、民俗的発生－芸術的形成を縦軸に舞踊文化を分類しています（図1）。

　この指標でみていくと、自文化の舞踊の中の民俗的な発生として、日本の各地域で伝承され踊られる民踊や盆踊りがあり、芸術的に形成されたものには、舞楽や能、歌舞伎、日本舞踊等があります。異文化の舞踊としては、世界各地の民俗的な舞踊であるフォークダンス、サンバ、ヒップホップ等があり、芸術的な舞踊には、バレエ、モダンダンス、コンテンポラリーダンス、インド舞踊、タイ舞踊等があります。歴史の中で育まれた伝統的なダンスとともに、テーマに基づいた芸術作品として創作され踊られる劇場舞踊としてのダンス、そして人々の交流、娯楽、コミュニケーションの1つとして踊られるダンスもあり、それぞれのダンスはこの松本の分類図に位置づけることができます。ダンスは、言葉を介さない身体の表現、

ノンバーバルコミュニケーションなどといわれ、共通の言語をもたなくても、ダンスを通じて感じ合える、理解し合えるという性質があります。また、スポーツのように決まったルールや勝敗が無く、人々の感性、知性の赴くままに自由な表現が可能となるゴールフリーな活動です。踊る楽しみ、創る楽しみ、観る楽しみ等、その楽しみ方は様々であり、人々の舞踊とのかかわりはその時代とともに変化しながら多方面に広がっています。インターネットの動画を通じて世界のダンスに触れ、自ら踊ったダンスを発信、共有するなど、コミュニケーションの方法も格段に変化し続けている現在、地球規模で様々なスタイルのダンスが享受され、相互に影響し合いながら人々のライフスタイルの中に多様に溶け込み、変化発展し続けています。このように、私たちにとって身近な存在となっているダンスについて、ここではそれを指導する側の視点に立ち、ダンス指導の様々な現場における指導のポイントや課題について考えていきます。

ダンス指導のポイント

　ダンス指導の現場においては、まずダンスそのものの魅力に触れる機会を学習者に提供することが大切です。ダンスの魅力に触れるとは、端的にいえばダンスの楽しさを体験することです。ダンスの楽しさには色々ありますが、音楽に乗って踊る、自由に即興で踊る、振付を覚えて踊れるようになる、動きを自分流にアレンジする、創る、観る等の活動の中にみいだすことができます。ダンスを学ぶ現場においては、これらの体験が適在適所に配置され、学習者がその体験を享受できるための環境を整える必要があります。これらのことを念頭に置き、ここではダンス指導のポイントを対象者ごとにみていくことにしましょう。

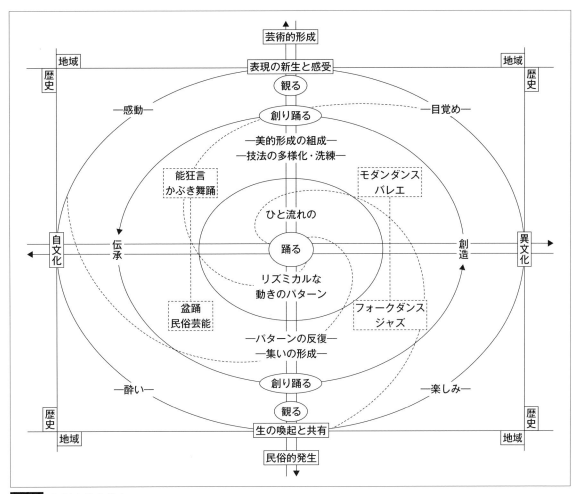

図1 舞踊文化と教育

1 学校教育のダンス現場

　現在教育界では、「主体的・対話的で深い学び(アクティブ・ラーニング)」という言葉がキーワードとして掲げられており、従来の知識伝達型の学びではなく、生徒が主体的に課題を発見、解決し、協働的に学んでいく手法が注目を浴びています。学校体育におけるダンス学習では、すでにこのアクティブ・ラーニングの姿勢が戦後70年にわたりとり入れられてきました。ここでは、指導者が生徒にダンスの動きを一方的に教える手法ではなく、指導者の問いかけから生徒の動きや発想が引き出され、生徒同士のグループ活動によって双方向にコミュニケーションをとりながら協力してダンスをつくりあげ、みせ合うといった活動を含む課題解決型の手法を用いています。このような指導法を基礎に置いた上で、幼、小、中、高を通じて現在の学習指導要領に位置づけられている表現運動、リズム運動を含む学習内容を指導していく必要があります。指導者は、その授業の目標に沿いながら、「どんな動きがあるかな？」「どんなふうに動きたい？」「どんなイメージ？」などと問いかけながら、生徒一人ひとりの個性を活かした表現を引き出す指導を心がけ、それぞれの表現、多様な価値観を認め合う精神を育む姿勢で取り組むことが大切です。

　また、指導者は、子供の発育・発達を踏まえた動きの指導についても理解しておく必要があります。中村（2008）は、幼児や小学校低・中学年では、8歳頃に脳と神経系の発達ピークを迎えるため、多様な動作の経験が必要であり、小学校高学

年、中学生については、12歳前後に呼吸・循環器系の発達ピークを迎えるため、様々な動作に加え、持久力の向上を狙った運動を盛り込むこと、中学3年から高校生では、15歳前後に筋・骨格系の発達ピークを迎えるため、負荷の強度をあげ、動きの中で力強さを身につけさせることが大切であるとし、子供の発達段階の特徴を踏まえた表現運動・ダンス指導の重要性を示しています。

一方、特別支援学級におけるダンスを学ぶ現場では、様々な障がいをもつ児童・生徒が様々な自己課題をもって取り組んでいます。佐分利（2013）には、特別支援教育における表現・ダンス指導において、特に、学習者が学習の中心であることを大切にし、学習者の「私はこれが好き」「私はこれがしたい」等の意欲や発見を通じて、自らみつけた内発的な課題に取り組み、達成する面白さを味わえるよう指導していくことが大切であると述べています。つまり、様々な個性をもつ学習者に対して、指導者の示すダンスに学習者を近づける指導ではなく、指導者が示した内容から学習者自身が自己の課題をみいだし、そこへ向かう過程において指導者は学習者の課題探求に共感し、援助する姿勢で指導することが重要であるということです。

このように、学校教育におけるダンス指導の現場では、子供の発達段階や個性を十分に把握し、一人ひとりの意欲や興味を引き出す創造的なダンス指導が求められています。中学校での男女のダンス必修が導入された現在、生涯学習としての基盤を養い、心身ともに21世紀を生き抜く力を伸ばしていける指導者が期待されています。

2 趣味志向の現場

趣味としてダンスを学ぶ現場では、その目的は人それぞれですが、主にあげるとすれば、踊ることそのものが目的のもの、健康や美容といった体づくりを目的とするもの、気晴らし、日常からの解放、仲間づくりを目的とするもの等があります。バレエ、ジャズ、モダンダンス、エアロビクス、フラメンコ、フラ、サルサ、タップ、ベリーダンス、社交ダンス等、世間で開講されているダンス教室は数え切れないほどあります。それぞれのダ

ンスによって教室の指導内容、方針は異なりますが、趣味としてのダンスの現場において指導者が心がける点は、参加者一人ひとりが健康的に楽しみながら、それぞれが目標をもって長期的に活動できるためのプログラムを提供することです。余暇活動として楽しむことがメインの目的であるため、日常の生活に支障をきたすような過度なレベルである必要はありません。参加者の体力、スキルを見極め、彼らのモチベーションを理解しながら指導していくことが求められます。具体的には、十分なウォーミングアップと参加者のレベルに合った動きや振りの習得部分、技術的にチャレンジする部分を盛り込みながら、グループ練習やみせ合う活動等、参加者同士のコミュニケーションも図れる内容を提供することが大切です。また、参加者が動きをアレンジし、創作する部分を加えるなどして、一人ひとりが主体的に取り組み、それぞれの踊りを認め合う雰囲気をつくることは、参加者自身が心身ともに充実感を得られ、継続するモチベーションへとつながります。さらに、練習の成果を教室外へ披露する発表会等の活動を盛り込むことで、より地域、社会に開かれた活気ある場をつくり出すことができます。

3 プロ志向の現場

プロフェッショナルなダンサーをめざす現場では、どのような指導のポイントがあげられるでしょうか。バレエ団ダンサー、ミュージカルダンサー、テーマパークのダンサー、その他様々な舞台ダンサー等、プロフェッショナルなダンサーをめざす人々が通う教室やスタジオでは、指導者は生徒がプロとして将来活動していけるための力を獲得でき、かつ怪我をせずに踊り続けていくための体づくりのできるプログラムを提供していくことが求められます。ダンスのスタイルにもよりますが、どのダンスにおいても基本的に必要な能力として、全身の筋力、柔軟性、体の軸、重心移動、動きのコーディネーション、バランス調整力、瞬発力、敏捷性、持久力、振り覚え、即興能力、センス、個性、存在感等、様々な側面からの力を備えていく必要があり、指導者はそれらの点を念頭に置いたレッスン内容を検討し、準備していくこ

とが大切です。また、生徒の技術的に弱い部分を補うためのトレーニングの提案や、すぐれている部分を認め、さらに伸ばしていくためのアドバイス等、生徒一人ひとりの特徴を把握しながら、きめの細かい指導を心がける必要があります。さらに、体づくりだけでなく、自分自身をコントロールできる精神的な力をつけるために、なぜプロをめざしているのか、スランプに陥った際に自分自身を立て直せるような目標や動機を明確にもたせ、心身ともにコンディションを整える力を育てる指導が求められます。

ダンス指導のマネジメント
―対象者の拡大やニーズに応えるために―

さて、ダンスの表現は、常に一定ではなく、その新しさや美しさ、面白さ等の追求に伴って、動きや技術、スタイルが日々変化し、ダンスを学ぶ現場のニーズも変化していくという特徴があります。多様なニーズに対応するための様々な指導が求められる中、ダンスのもつ文化性を存分に満たすための「場の工夫」も重要となります。基本的なダンス指導のためのマネジメントには、「コンテンツ（中身）のマネジメント」と「環境（FET: Facility【施設・設備】、Equipment【装置・機器】and Tool【道具】）のマネジメント」が重要になります。

1 コンテンツ（中身）のマネジメント

ダンスの対象者のニーズには様々なものが予想されますが、図2に示すように、「教育」、「趣味・たしなみ」、「プロフェッショナル」、「仲間・友人」等、それぞれ特徴のある志向性をみいだすことができます。これらは、マーケティングの分野において、特徴あるニーズのセグメントとしてとらえることができ、今後新たな志向が生まれれば、新たなセグメントとして抽出することも可能となるでしょう。ダンスの世界でもマーケティングの手法や技法を駆使したコンテンツマネジメント研究が今後ますます重要になると思われます。

2 環境（FET）マネジメント

ダンス活動を展開するには、十分な広さの空間と脚に負担のかからない柔らかい床、鏡、音響等

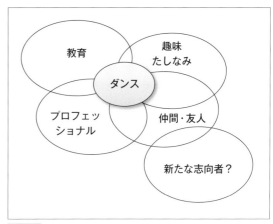

図2 ダンス対象者のめざすものセグメント

の設備が整った環境を準備することが望まれます。

これらは、ダンスの活動をより充実させ、安全に行うために必要なFacility【施設・設備】、Equipment【装置・機器】、Tool【道具】等の環境をマネジメントすることの重要性を意味しています。たとえば、ダンス指導では、学習者が動きを習得するために、鏡をとおして指導者の動きをみることや自分の動きを確認することで学習効果を高めることが考えられます。また、発表会や公演において、音響機器や舞台演出などの設備も不可欠要因であることはいうまでもありません。

現在、ICTの発展により、タブレット端末やパソコンを用いて自分自身が踊る動画を確認、修正することや動きに適した音楽を探すことも可能になっています。また、SNSの活用により個人でも団体でもダンスを発表、公表する機会（場）ができ、公演情報の告知やダンス発表の感想をシェアする、ダンス指導コンテンツを共有、検討する等々が可能な時代になりました。最新技術を活かした環境を導入、提供することで、これまで以上にダンス活動の充実を図ることができるでしょう。このように、今後様々なダンスそのものにかかわる研究とともに、それぞれのダンスにふさわしい環境（FET）マネジメントの研究にも大きな期待が寄せられています。

2 スポーツビジネスの発展をめざして
①フィットネスクラブとマネジメント

スポーツ産業の中でもソフト面に位置づくスポーツサービス業は、社会や経済の変化に伴い大きな成長を遂げてきました。特に、フィットネスクラブは、社会における時代背景や健康志向の高まりなど、人々のニーズに応じて発展してきましたが、現代では、様々なプログラムを大規模に展開する大型のフィットネスクラブから、1つの機能に特化したビジネス戦略を成功させるなど、多様なモデルが混在するといえるでしょう。

フィットネスクラブのこれまでの経緯

スポーツサービス業の1つであるフィットネスクラブは、民間の商業施設としてエアロビクスやアクアビクスなどのレッスンプログラムをはじめ、マシーントレーニングなどの運動施設の利用を中心に展開されています。現代では、消費者の多様なニーズやウォンツに対応したフィットネスクラブが展開されていますが、まずはフィットネスクラブがこれまでどのように発展してきたのか、その経緯について理解していきましょう。

わが国におけるフィットネスクラブのはじまりは、東京オリンピックの開催を契機とした1960年代後半であり、主に子供を対象とした習い事として民間のスイミングクラブが開設されました。1970年代にはジョギングやテニスなどが流行し、大都市を中心に数多くの企業がフィットネスクラブやスポーツクラブ事業を展開するようになりました。その市場規模は、1979年で1,356億円に達しています。その後、1980年代には、「エアロビクス」が社会に広がるとともに、これまで多彩なレッスンプログラムを売り物として構成していたフィットネスクラブは、サウナ等の温浴施設やレストラン、バーカウンター等の複合施設を充実させた大型化へと進化を遂げていきます。

しかしながら、1990年代に入るとフィットネスクラブの競合が激化するとともに、バブル経済の崩壊も影響し、多くのフィットネスクラブが事業の縮小や見直しを余儀なくされました。

現代的なフィットネスクラブの方向性

いわゆる飽和状態となったフィットネスクラブ事業で生き残りを図るためには、他のクラブとの差別化やシステムの見直しが必要となります。たとえば、エアロビクスレッスンなどのスポーツプログラムを売り物にするだけではなく、英会話レッスンや編み物教室などのカルチャープログラムを展開することは1つの戦略になります。また、ネイルサロン、カラーコーディネートなどの付加的なサービスを加えることにより、新規会員拡大の可能性も高まります。これらの各サービスは、フィットネスクラブの特徴として1つの戦略となったり、クラブのブランド化につながります。

こうして新たなサービス開発に取り組むフィットネスクラブがみられる一方で、2000年代に入ると、これまでのフィットネスクラブの戦略とは異なる単一プログラムを特徴とした小規模な店舗展開が注目を集めるようになります。

特に、女性専用の30分間のサーキットトレーニングのみを単一プログラムとして展開したフィットネスクラブの出現は、これまで低迷していたフィットネス産業の市場規模を急激に引きあげました。他にもホットヨガやピラティスなど、女性をターゲットとしたリラクゼーションプログラムも小規模スペースでの事業展開が可能であり、多様化するフィットネスクラブ産業の中でもさらなる進化が期待できます。また、近年では、"結果にコミットする"ことをキャッチフレーズとした短期集中ダイエットプログラムを個別指導しながら展開する成果志向型のフィットネスクラブが話題となり、フィットネス産業市場の成長を牽引しています。

今後は、それぞれのビジネス展開においてどの

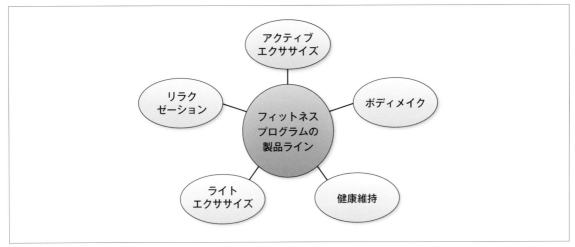

図1 プログラムの製品ライン

ような進化を遂げていくのかが注目されます。

フィットネスクラブの品ぞろえ
（製品ミックス）

1 製品ライン

フィットネスクラブの売り物を1つ1つのレッスンとしてとらえた場合、豊富なレッスンアイテムがそろっていることは利用する者にとって魅力的なものになります。マーケティングの視点では、そのようなレッスンアイテムを整理する際に、製品ミックス、製品ライン、製品アイテム、製品カテゴリーの4段階に分けてとらえることが一般的に用いられています（山本，1996）。たとえば、伝統的なフィットネスクラブのレッスンプログラムについて整理してみると、レッスン関連の製品としての階層と広がりがみえてきます。

図1は、フィットネスクラブの製品ラインとなるグループを示しています。ここでは、アクティブエクササイズ、ボディメイク、リラクゼーション、ライトエクササイズ、健康維持の5つの製品ラインからグループが構成されています。

製品ラインとは、利用者の中核ニーズを表すものであり、具体的には顧客がフィットネスクラブの会員になる際の目的となるようなことがあげられます。ここでは、脂肪を燃焼して健康的な減量やダイエットを目的としたアクティブエクササイズやメリハリのあるボディラインや細マッチョを

めざすボディメイクをはじめ、心も体もリフレッシュするためのリラクゼーションや健康維持など、複数の製品ラインによるプログラム構成となっています。

2 製品アイテムとカテゴリー

製品アイテムは、製品ラインの特性をプログラムとして展開する際に1つの単位として識別できるものを示しています。

さらに、それぞれの製品アイテムの中で具体的なレッスンプログラムのメニューとして展開されるものが製品カテゴリーに位置づきます。表1では、エアロビクス系やステップ系、ダンス系、ヨガ系などの具体的なアイテムによって各ラインが構成され、そのアイテムの中に製品ラインに沿ったプログラム（製品カテゴリー）がつくられていることがわかります。このような製品ラインの数を「幅」とし、製品アイテムの数を「長さ」として構成される組み合わせを製品ミックスととらえることができます（コトラー，1996）。

このようなレッスンアイテムの豊富な品ぞろえは、様々な消費者のニーズに応えることや顧客となる会員の誘引に大きく貢献することが期待されると同時に、各フィットネスクラブのコンセプトやマネジメントポリシーによって、その中身が具体的に反映されています。

また、これらのレッスンアイテムに加え、利用の際の料金プランや利用可能な時間や時間帯など

表1 プログラムの製品ラインとカテゴリー（ルネサンスの例）

製品ライン	製品アイテム	製品カテゴリー
アクティブエクササイズ	エアロビクス系	エアロ30、エアロ40
	ステップ系	ステップ30、ステップ40
	ダンス系	ZUMBA（ズンバ） リトモス ベリーシェイプ バレトン
	格闘技系	グループファイト
	トレーニング系	グループパワー
	アクア系	ビヨンドマーシャルアクア ビヨンドミラクルアクア
ボディメイク	ヨガ系	ビヨンドボディメイクヨガ
	体幹トレーニング	KOBAトレ（バランス体幹）
	パーソナルトレーニング	パーソナルプログラム
	アクア系	ミットアクア ビヨンドマーシャルアクア
健康維持	ストレッチ系	リフレッシュストレッチ バランスボール
	ダンス系	ジャズダンス
	アクア系	ビヨンドミラクルアクア アクアビクス
	その他	シナプソロジー 太極拳

を会員の利用頻度によって選択できるようなシステムのバリエーションやそのようなシステムの定期的な見直しもフィットネスクラブの継続的なビジネス戦略に必要不可欠なサービスです。

フィットネスクラブによるマネジメント

1 フィットネスサービスの高質化

これまで述べてきたように、フィットネスクラブのサービスづくりは、人々の多様なニーズに対応することや社会的なブームを的確に把握し、魅力的なサービスを提供することがビジネス戦略として不可欠です。そのため、マーケティング志向となる消費者の視点から具体的なニーズを探ることやマーケット（市場）を知ることが重要となります。

フィットネスクラブにおけるマネジメントは、レッスンプログラムや指導を中心としたサービスという特徴を有しています。そのため、消費者である利用者の目的やベネフィット（便益）を中核としたスポーツプロダクトとしてとらえることにより、魅力的な「価値のパッケージ」を生み出すことが可能となります。すなわち、前述されているコトラーの製品論に基づいたプロダクト構造によるとらえ方などは重要となります。当然のこと

ながら、フィットネス活動から得られる健康な身体や達成感などの中核ベネフィットへのアプローチはスポーツの醍醐味として有効なのですが、さらなる魅力となる付加価値をどれだけパッケージ化することができるのかということも重要な意味をもちます。これらは、利用者の求める中核ベネフィットを十分に理解し、いかに満足度を高めることができるか、すなわち、より高質なサービスを提供できるかということが重要なカギを握っているのです。

また、フィットネスクラブでは、新規顧客の拡大が常に課題であることに加え、継続的な会員を確保することにも取り組まなければなりません。そのような戦略に対しては、フィットネスクラブにおけるスポーツプロダクトの見直しや高質化を図りながら新たなスポーツサービスを展開することが重要になります。

スポーツマネジメント研究においては、これまでもスポーツプロダクトに注目した研究が報告されていますが、今後もさらにその重要性が高まることでしょう。

2 社会への好ましい影響力の実現

フィットネスクラブのマネジメントは、当然のことながらビジネスとしての利益追求やより魅力的なサービスづくりの検討が中心的な課題となり

ますが、社会全体に向けたさらなる可能性として、以下にあげるような社会的影響力も考えられます。

◆社会への好ましい影響
- より発展的な健康への情報発信
- 地域、まちづくりへの貢献
- 様々なビジネスチャンスの開発

より発展的な健康への情報発信

これまでのフィットネスクラブの発展を振り返ると、時代の流れとともに人々の健康意識の高まりがみられたことや社会的なブームとしてジョギングやエアロビクスが注目を集めたことなど、社会から影響を受けてきたことがあげられますが、これからのフィットネスクラブは、より多くの対象へのアプローチや社会全体への効果的なはたらきかけが求められるのではないでしょうか。特に、超高齢化社会といわれる21世紀は、健康長寿をコンセプトとしたプログラム開発やリハビリテーションとしての効果も期待できるフィットネス活動が社会全体の健康意識を高めることにもつながると考えられます。

また、健康づくりのためのコンディショニングや栄養指導など、生活の中で取り入れることが可能な情報発信も大きな使命になるでしょう。

さらに、スイミングレッスンやテニスレッスンなどの従来のスポーツレッスンプログラムに加えて、「キッズエクササイズ」や「コーディネーショントレーニング」などのように子供を対象としたプログラムの開発は、近年の子供の体力・運動能力の低下に大きく貢献することなどが予想されます。

地域、まちづくりへの貢献

民間事業者が展開するフィットネスクラブは、企業として運営するための資金の多くを会員からの利用料金や会費によって賄います。当然のことながら、利用者は利用料金や会費を納めている会員に限られていますが、今後、注目されるのは、自治体とのパートナーシップや地域の企業や医療機関と連携してこれまでフィットネスクラブに通おうと思わなかった、あるいは通うことが困難であった対象にもアプローチしていくことです。

たとえば、医療機関との連携は、治療としてのプログラム指導やリハビリテーション、あるいはヘルスケアにも貢献することが可能となるでしょう。

フィットネスクラブの事業としては、地域住民の健康づくりが中心ではありますが、会員同士のつながりは人と人とのつながりを醸成することにも寄与します。そこから地域住民同士の健康意識の高まりやスポーツ愛好者の拡大が期待されます。

様々なビジネスチャンスの開発

コナミスポーツクラブやDoスポーツクラブのような老舗といわれるスポーツクラブをはじめ、フィットネスクラブを経営する組織は複数の事業展開から構成され、その中の1つの事業として運営されていることが多く見受けられます。すなわち、様々な業種の企業にとって、スポーツ産業は魅力的なマーケットとして注目されていることがうかがえます。こうしたビジネスモデルは、今後はフィットネスクラブにとどまらず、あらゆるスポーツ産業への進出がみられることも考えられます。

また、近年のICT（情報通信技術）の発展に伴い、フィットネスプログラムが動画コンテンツとして配信されることやトレーナーや栄養士とのコミュニケーションツールが確立され、よりパーソナルなフィットネスサービスが可能になることも大きな成果といえます。このようなサービス開発においては、ゲームメーカーや通信業界などの業種にとって新たなビジネスチャンスにもなり得るかもしれません。もはやこれまでのスポーツマネジメントを超えた将来的なスポーツマネジメント像も視野に入れたスポーツマネジメントへの取組やスポーツビジネスの開発に期待が寄せられます。そのための生きた基礎研究や応用研究が必要なのです。

4. 生きたスポーツマネジメントに向けて（トピックスへのマネジメントアプローチ）

2 スポーツビジネスの発展をめざして
②女性スポーツとマネジメント

現代の女性とスポーツ

1 現代の女性スポーツの広がり

今、女性のスポーツは、様々なアングルや様々なビジネスの対象として注目されています。現代の女性は、おしゃれなウェアを着てランニングやヨガをすることが、彼女たちのライフスタイルの大切な部分となっており、また最近のストリートファッションでは、スポーツとファッションの垣根がなくなり、スポーツウェアやスニーカーが若い女性のトレンドのアイテムとなっています。このような現象は、今後のさらなる女性スポーツビジネスの拡大を象徴しているように思われます。

「美ジョガー」や「山ガール」は、ランニングや登山ブームもあいまって、ファッショナブルでおしゃれな若い女性のスタイルを指しています。この現象は、これまでのランニングや登山の苦しい・つらいイメージを一掃し、おしゃれで健康やダイエットに興味がある「おしゃれ女子」が気軽に参加することができるスポーツに様変わりさせました。

そして、このような「おしゃれ女子」を対象にして、ランニングをしながらスイーツが食べ放題という「スイーツマラソン」や、登山をとおして山好きが集まる出会いの場の提供としての「山コン」など、初心者女性でも気軽に参加できるようなスポーツの機会が多く企画されています。

また、プロ野球やJリーグ、2016年に開幕したBリーグなどのプロスポーツでは、女性を中心としたマーケティング戦略が展開されています。中でも広島東洋カープは、全国的規模で女性ファン層の拡大に成功しており、その象徴として「カープ女子」という言葉がクローズアップされました。MAZDA Zoom-Zoomスタジアム広島では入場者の4割が女性で、「カープ女子」は一人でも気軽に応援へ来てしまうという、これまでの女性野球

観戦者にはない新しい観戦スタイルの象徴となりました。

昨今の日本では、オリンピックや世界大会等での女性スポーツ選手の活躍がめざましく、大きな注目を集めています。「浅田真央」（スケート）、「吉田沙保里」「伊調馨」（レスリング）、「石川佳純」（卓球）などは、世界からも注目される女性トップアスリートです。このことは、スポーツの世界で頑張っている女性が多くなったことに加えて、テレビや新聞などで、女性アスリートの活躍が大きく報道されるようになり、一般の女性や子供たちのあこがれの存在となっています。また、以前に比べて女性も男性と同様に、スポーツをする環境が少しずつではありますが整ってきており、出産後もママさんアスリートとして復帰し、活躍している女性選手も多くみられるようになりました。

現代の女性は、スポーツをすることで新しい価値観として、「がんばる女性」「かっこいい女性」「おしゃれな女性」というソサエティが生まれ、今後の女性スポーツのトップランナーとして、マーケットの成長の原動力となることが予想されます。

2 女性活躍推進法のポイント

2016年4月から「女性活躍推進法」が施行され、社会・組織の中の女性に改めて注目が集まっています。「女性活躍推進法」とは、「女性の職業生活における活躍の推進に関する法律」で、女性の働き方改革と子育てや介護をしながら活躍できる職場をつくることで、働く女性を増やすことと、雇用の平等化が目的となっています。

大企業においては、女性活躍推進に向けた行動計画の策定が義務化され、公共調達における優遇制度などがスタートし、国はさらなるスピードでこの取組を推進していこうとしています。これまでの日本では、子育てや介護などで仕事を辞める女性が多く、女性の就労希望者は約300万人存在するといわれており、その潜在労働力は、日本の

96

表1 女性活躍のための重点方針

- Ⅰ あらゆる分野における女性活躍
    1. 多様な働き方の推進、男性の暮らし方・意識の改革
        - 同一労働同一賃金
        - 長時間労働の削減　など
    2. あらゆる分野における女性の参画拡大・人材育成
        - 組織トップ自ら女性活躍に取り組むムーブメントの全国拡大など
- Ⅱ 女性の活躍を支える安全・安心な暮らしの実現
    1. 女性に対するあらゆる暴力の根絶
    2. 女性活躍のための安全・安心面への支援
    3. ライフイベントや性差に即した支援の強化
- Ⅲ 女性活躍のための基盤整備
    1. 子育て基盤等の整備
    2. 女性活躍の視点に立った制度の整備

経済成長を支える開拓者になる可能性があると期待されています。

現代女性のためのサービスづくり

1 女性スポーツの明確なターゲット（事例-1）

　フィットネス産業におけるフランチャイズ事業として急成長を遂げているAフィットネスクラブは、"女性のための女性のフィットネスクラブ"として、顧客となるターゲットを明確にして誕生しました。このフィットネスクラブは、女性顧客をピンポイントでターゲットとし、フィットネスチェーンの拡大に成功した近年注目を集めるフィットネスクラブです。そして、これまでのフィットネスクラブの概念にとらわれず、オリジナルな事業を展開しています。

　小野里ら（2010）は、Aフィットネスクラブの利用者調査から、その特性や利用行動を明らかにし、現代女性、特に主婦層を中心としたピンポイントなフィットネスクラブの新たなサービスづくりを提案しています。

　その調査結果から、年代では50歳代〜60歳代が全体の約6割を占め、職業では、図1に示したとおり、主婦層が圧倒的に多くなっています。

　また、Aフィットネスクラブ利用者の過去の中学・高校時代の運動・スポーツ経験は、「運動らしいことはほとんど行っていない」層に最も多い

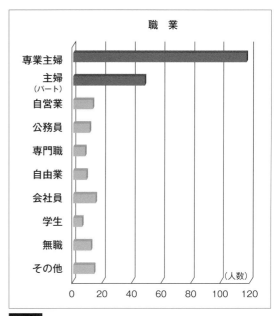

図1　Aフィットネスクラブ利用者の職業

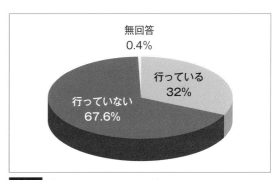

図2　「Aフィットネスクラブ」以外での運動実施状況

傾向が示され、学校の運動部活動には所属していなかったことがわかります。図2は、現在のAフィットネスクラブ以外での運動実施状況を示したものですが、67.6％と約半数以上の人がこのフィットネスクラブ以外では、運動を行っていませんでした。

　この事例のAフィットネスクラブは、コンセプトに即した女性のためのフィットネスクラブとして的確なマネジメントがなされており、メインの客層（ターゲット）がピンポイントでマッチングし、対象者のライフスタイルや志向が高い精度で整合性している典型的な成功例といえましょう。

2 女性スポーツの高密度なサービス展開（事例-2）

　大学の公開講座は、大学における教育・研究の

成果を直接社会に開放し、地域住民などに高度な学習機会を提供することを主たる目的として開催されています。

そこで、実際に公開講座を開催している体育・スポーツ系の女子体育大学という特色を活かした、女性を対象とした地域交流講座のマーケティングの事例について紹介します。小山・畑ら（2011）は、女子体育大学が提供する女性を対象とした地域交流講座の「スマイルテニス」というレッスンプログラムから、ハイクオリティなスポーツサービスの追求と、今後の新しいサークル支援のあり方について提案しています。

この「スマイルテニス」講座は、女性限定のプログラムとなっており、中・上級者を対象とする「Aコース」40名と、初心者・初級者を対象とする「Bコース」30名の２コースで週に１回の開講となっています。そこでの、マーケティングのポイントは、都心の閑静な住宅街に在住のテニスに興味がある専業主婦層を中心に、家事や育児から解放されたわずかな空いた時間を利用できるように平日の特定の曜日（火曜日）午前中という時間設定をしています。

図３は、女性のための「スマイルテニス」の基本的なコンセプトの概要を示しています。３つのコンセプトは、①「Recreation」参加者のさわやかな時間・楽しい時間など、②「Innovation」参加者のための新たな知識・体験など、③「Communication」参加者同士のサークルづくりなど、となっています。このことは、大学周辺の主婦層の需要に適応した参加者のニーズとウォンツの満足度を高め、サービスを提供している大学側と、サービスを受けている参加者の双方に、大きなWIN-WINな関係を実現させています。

また、「スマイルテニス」のサービスは、民間のテニススクールとは違うサービスのクオリティをめざしています。指導者・スタッフなどの人的サービス、大学の施設・設備などの物的サービス、レッスンプログラムの工夫およびサブプログラムの提供などのシステム的サービスといった女子体育大学ならではの可能な限り、「至れり尽くせり」なサービスを目標にして、実にきめ細かなサービス展開がなされています。具体的には、テニス部員の球出しによる基礎となるレッスンメニュー、ゲームを想定した応用練習、テニスコートを参加者が自由に使える活用方法、タイムリーなニューボールへの交換、学内のいたるところでの指導者やテニス仲間とのコミュニケーションなどが、講座の継続性につながっています。また、サブプログラムとして、レッスン終了後の学生食堂での昼食会や、その他のプログラム（子供のスポーツ教室）への参加、懇親会の開催など、あるいは一流ホテルでの食事会のように、より一層の満足度を

あまり構えないで、あれこれ考えすぎないで、私達とテニスをしましょう！
運動のできる服装と運動靴があれば、大丈夫です。ラケットとボールはこちらで用意しますが、もちろんお気に入りのウェアやラケット、そして「スマイル」はご持参ください。笑顔と心地よい汗が自然な心と動きを目覚めさせます。

「スマイルテニス」のテーマ

Recreation　Innovation　Communication

★R：参加者の爽やかな時間・楽しい時間
　　担当者の有意義な時間・楽しい時間
★I：参加者のための新たな知識・体験・納得
　　大学の教育研究の拡大（教員・学生）
★C：参加者同士のサークル・スマイルコミュニケーション・大学の活用
　　（地域との共生）大学の地域貢献・地域コミュニケーション

交換（WIN-WIN）の成立

図３　女性のための「スマイルテニス」基本的なコンセプト

高めるための最大の努力を惜しまない例となっています（図4）。

このプログラムは、女性スポーツのサービスの充実をめざし、かなりの時間をかけて試行錯誤を繰り返し、提供者である大学の指導者と参加者でつくりあげた典型的な成功事例となりましょう。

女性のスポーツサービスとマネジメント

これからの現代女性のスポーツの普及には、多岐にわたる多様なニーズに対応した要因を探求することが大切であるといえます。従来の製品論で考えた場合、中核部分のマネジメントに注視する展開は重要であり、スポーツから得られる基本的な満足やスポーツの確かな内容などは最も重視されなければなりません。しかし近年は、そのような中心的な部分での差別化は難しい状況となっています。

今後の女性に向けたスポーツサービスは、プロダクトの基本価値よりも、むしろ外側の周辺部分である新たな付加価値にウエイトがかかる傾向にあります。たとえば、マネジメントの視点として、「気配り目配り」や「至れり尽くせり」などのように、きめ細かな配慮がポイントになるものと考えます。

図5は、従来の基本価値を中心にとらえた製品論とは違う、新たな付加価値を重視した製品構成です。ここでは、外側部分である拡大された製品としての"おしゃれな""かわいい"「ウェア」や「シューズ」、潜在的な製品の「チョコレート」「アイスクリーム」などの要素をとらえた特徴あるサービスの展開が、より女性スポーツ愛好家の満足度を高める可能性を示唆しています。スポーツする女性にとって「食」は「健康」「おしゃれ」「美容」「ダイエット」などと関連する重要なキーワードになります。

今後は、スポーツにかかわる女性たちのそのような繊細なマインドやニーズの変化に素早く対応した、より精度の高いテクニカルなマーケティング戦略こそが成功をおさめるものと考えます。

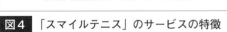

図4　「スマイルテニス」のサービスの特徴

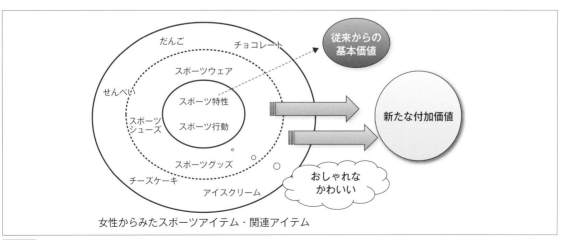

図5　新たな付加価値を重視した製品構成

2　スポーツビジネスの発展をめざして　　99

4. 生きたスポーツマネジメントに向けて（トピックスへのマネジメントアプローチ）

2 スポーツビジネスの発展をめざして
③マンガとスポーツマネジメント

「クールジャパン」を代表するマンガ

　「クールジャパン」は、日本発のアニメ、ゲーム、マンガ、音楽、映画、ドラマなどのコンテンツから、家電や自動車などの日本製品、日本料理や歌舞伎などの伝統文化や伝統芸能、渋谷・原宿系ファッションまで、日本にかかわる多くの事柄が含まれています。

　また、「クールジャパン」は、今日、日本だけでなく海外でも、多くの人たちに知られ、日常でも普通に使われる言葉となってきており、その中でも「MANGA」として世界中で読まれている日本のマンガは、まさに「クールジャパン」を代表する日本文化として評価されています。

　事実、日本のマンガは世界一の記録を塗り替え続けています。1994年12月末に発売された少年ジャンプ4・5合併号は、週刊マンガ誌としては前人未到の653万部の発行部数に到達しました。現在も、その少年ジャンプで連載中の『ONE PIECE』は、2007年に単行本の累計発行部数が1億冊、2010年に2億冊、2013年には3億冊を突破、4億冊の大台を目の前にしており、「最も多く発行された単一作者によるコミックシリーズ」としてギネス世界記録に認定されています。

　そんな日本のマンガですが、そのテーマ性によって、様々なジャンルに分類することができます。具体的には、「スポーツ」「医療」「ギャグ」「ラブコメ」「アクション」「グルメ」「実録」「学園」「ホラー」「SF」「ビジネス」などのジャンルが存在し、これらのジャンルの広がりこそが、日本のマンガが「クールジャパン」を代表しているといわしめる理由の1つとなっているのです。

　そして、マンガのジャンルで多くの若者の人気を集めているのが「スポーツ」であり、ここでは、この「スポーツマンガ」について取りあげてみたいと思います。

戦後からの「スポーツマンガ」の変遷

　終戦直後、「マンガの神様」と称される手塚治虫の長編のストーリーマンガによって、日本のマンガは花開くことになります。

　これに合わせて、「スポーツ」を題材としたストーリーマンガが誕生し、1950年代には、『スポーツマン金太郎』や『黒い秘密兵器』などの、おとぎ話や昔話の主人公の金太郎や桃太郎、伊賀忍者や甲賀忍者が登場する「ほのぼのスポーツマンガ」が産声をあげることになりました。

　それが1960年代の高度経済成長時代に入ると、梶原一騎原作『巨人の星』『あしたのジョー』『空手バカ一代』『赤き血のイレブン』『タイガーマスク』などに代表される「根性スポーツマンガ」が、劇画風の絵柄と魔球と必殺ワザで、一世を風靡することになります。

　この中で『巨人の星』の主人公、星飛雄馬が投げる大リーグボール1号（バットにあてる魔球）、大リーグボール2号（消える魔球）、大リーグボール3号（バットをよける魔球）は、当時の野球少年の心を鷲掴みにしてしまいました。

　1970年代には、オイルショックによって高度経済成長時代が終わりを迎えたことを受け、『ドカベン』や『キャプテン』などの等身大の主人公が活躍する「熱血スポーツマンガ」が台頭することになります。

　同時に、この時期には超人的なパワーを手にした主人公が、インフレを起こした魔球や必殺ワザを駆使してスポーツで戦っていく、『アストロ球団』や『リングにかけろ』にみられるような「荒唐無稽スポーツマンガ」が人気を博したことも忘れてはならないでしょう。

　一方、1980年代のバブル経済のイケイケで、ちょっと軽めで奔放な時代を反映し、スポーツに恋愛を取り込んだ「ラブコメスポーツマンガ」の

『タッチ』や『YAWARA』が大ブームとなります。

特に、後者の『YAWARA』は、主人公と同じ髪型をした、「やわらちゃん」と呼ばれる国民的アイドル柔道選手、田村（谷）亮子との相乗効果で、誰もが知っている「スポーツマンガ」となっていきました。

その後、バブル崩壊とIT時代の到来を経験した1990年代には、インターネットと融合し、スポーツ情報を盛り込んだ『スラムダンク』や『はじめの一歩』などの「本格スポーツマンガ」が主流となってきます。

たとえば、『スラムダンク』を読んでバスケットボールに興味をもった小中学生が、中学や高校に入学後、バスケ部に殺到したことは、「スポーツマンガ」がもっている影響力の大きさという点で、新聞などのメディアでも取りあげられるほどの社会現象にもなりました。

さらに、2000年代には、オリンピックなどのスポーツのビッグイベントの直前に、実在するスポーツ選手のありのままの姿を発信し、その選手の応援につなげていく「実録スポーツマンガ」が掲載されるようになってきました。

具体的には、2000年のシドニーオリンピックでは野球の松坂大輔や陸上のハンマー投げの室伏広治などが、2004年のアテネオリンピックでは柔道の野村忠宏や女子ホッケーの日本代表チームなどが、2008年の北京オリンピックでは、サッカーの李忠成などがマンガ化されました。

加えて、以前大ヒットした『ドカベン』や『キャプテン翼』の続編が、「リバイバルスポーツマンガ」として復活、前作をリアルタイムで読んできた世代を中心に話題となりました。

最後に、デフレ経済に象徴される「失われた20年」の、閉塞的で内向きな時代を映し出した2010年代には、バスケットボールの『黒子のバスケ』、バレーボールの『ハイキュー‼』、自転車競技の『弱虫ペダル』などの「多種多様スポーツマンガ」がブレイクします。

これらは、これまでメインだった男性読者のスポーツそのものに対するニーズだけでなく、最近では、それぞれの「スポーツマンガ」が描き出すキャラクターにハマったりする女性読者のスポーツ以外のニーズも取り込みながら、現在に至ることになります。

このように「スポーツマンガ」は、戦後から現在まで、「ほのぼのスポーツマンガ」「根性スポーツマンガ」「熱血スポーツマンガ」「荒唐無稽スポーツマンガ」「ラブコメスポーツマンガ」「本格スポーツマンガ」「実録スポーツマンガ」「リバイバルスポーツマンガ」「多種多様スポーツマンガ」という変遷をみせながら、マンガの人気ジャンルとしてあり続けているのです。

スポーツプロダクトとしての「スポーツマンガ」

ここでは、「スポーツマンガ」をスポーツプロダクトとしてとらえ、コトラーの一般的なプロダクトの概念を参考にし、「スポーツマンガ」に焦点をあててみたいと思います。

コトラーは、プロダクトを「ニーズとウォンツを満足させるため、注目、習得、使用、消費を目的として市場に提供されるもの」と定義付けています。さらに、プロダクトは有形とは限らず、広義として「サービス、人、場所、組織、アイディア、あるいはこれらの組み合わせ」であるだけでなく、「単なる目にみえる特徴の組み合わせ以上のもの」であり、「消費者は、自分のニーズを満足させるベネフィットが複雑に結びついた束」として、プロダクトをみていると述べています。

この考え方を一般的なプロダクトの概念として定義し、そのプロダクトを具体的に表現する手段として用いたのが「プロダクトの5次元」という構造モデルであり、コトラーは、製品には5つの次元があり、「最も基本的な次元は、中核ベネフィット」、「次の次元は、ベーシックな製品であり、製品の基本的形」、「第三の次元は、買い手が購入する時に期待する属性と条件の組み合わせである期待された製品」、「第四の次元は、ある企業の提供を競争企業から差別化できるような付加的なサービスとベネフィットを含む拡大された製品」、「第五の次元は、その製品の将来のあり方を示す潜在的製品」であるとしました。

そのコトラーの「プロダクトの５次元」を、「根性スポーツマンガ」の『巨人の星』、「本格スポーツマンガ」の『スラムダンク』、「多種多様スポーツマンガ」の『ハイキュー!!』の３つの「スポーツマンガ」で比較し、それぞれのプロダクト構造を明らかにしていきたいと思います（**表１**）。

「スポーツマンガ」の中核ベネフィット

中核ベネフィットとは、「プロダクトの５次元」という構造モデルの中心に位置し、最も基本的な次元とされていますが、これを先程の３つの「スポーツマンガ」にあてはめてみると、『巨人の星』では「勝利・友情・努力」、『スラムダンク』では「勝利・友情・自由」、『ハイキュー!!』では「勝利・友情・萌え」が、まさに中核ベネフィットに相当するものとなります。

これらの「スポーツマンガ」の中核ベネフィットを比較してみると、そこからは「勝利・友情」という「共通」の部分と、「努力」「自由」「萌え」という、それぞれの作品の特徴としてとらえられる部分があることがわかってきます。

つまり、「勝利・友情」は、戦後、「スポーツマンガ」が誕生して以来、『巨人の星』が連載されていた1966年から1972年、『スラムダンク』が連載されていた1991年から1996年、『ハイキュー!!』が連載されている2012年から現在に至るまで、「スポーツマンガ」の中核ベネフィットとして継承されており、時代的な影響を受けず、変わることが

ない「共通」した中核ベネフィットの部分ということになるのです。

一方、『巨人の星』の「努力」は、個人の力によって戦後の貧困から脱出し、経済格差をはじめとする様々な社会的な矛盾を克服できると、多くの若者たちが信じていた高度経済成長という時代的な影響を象徴していることがうかがえます。

また、『スラムダンク』の「自由」は、バブル経済崩壊に伴う、これまでの終身雇用や年功序列などの日本的な仕組みにとらわれなくなった、フリーターに代表される若者たちが、新しい生き方を模索しようとする時代的な影響を反映しているのかもしれません。

その他、『ハイキュー!!』の「萌え」は、デフレ経済下の「失われた20年」以降もいっこうに景気が回復する兆しがみえない日本を当たり前と受け止めてしまっている若者たちが、自分の趣味や興味の世界だけに没頭するという時代的な影響を受けていることが特徴的ということになります。

そして、時代的な影響を受けた特徴のある中核ベネフィットは、スポーツプロダクトとしての「スポーツマンガ」の他の次元にも影響をおよぼし、それを最も顕著にあらわしているのが、「プロダクトの５次元」の構造モデルの一番外側に位置している潜在的製品の次元になるのです。

これからの「スポーツマンガ」の方向性

コトラーによる潜在的製品を「スポーツマンガ」

表１ ３つの「スポーツマンガ」のプロダクト構造

	『巨人の星』 （「根性スポーツマンガ」・1966年〜1971年）	『スラムダンク』 （「本格スポーツマンガ」・1991年〜1996年）	『ハイキュー!!』 （「多種多様スポーツマンガ」・2012年〜2020年）
①中核ベネフィット	「勝利・友情・努力」	「勝利・友情・自由」	「勝利・友情・萌え」
②一般製品	絵柄（劇画系）・キャラクター（貧困・身体的ハンデ）・スポーツ的ストーリー（必殺ワザ）	絵柄（中性系）・キャラクター（奔放）・スポーツ的ストーリー（リアリティ）	絵柄（中性系）・キャラクター（奔放）・スポーツ的ストーリー（リアリティ）
③期待された製品	作者名（梶原一騎）・サブキャラ・連載	サブキャラ・連載	サブキャラ・連載
④拡大された製品	少年誌（マガジン）	少年誌（ジャンプ）・スポーツ情報（NBA）	少年誌（ジャンプ）・スポーツ情報（Vリーグ・日本代表）
⑤潜在的製品	テレビアニメ	テレビアニメ・劇場版アニメ映画・選手個人ホームページ、インターネット試合速報	テレビアニメ・劇場版アニメ映画・選手個人ホームページ・インターネット試合速報・インターネットマンガ配信・演劇（2.5D）、DVD・キャラクターソング・キャラクターグッズ・ファンブック・カードゲーム

にあてはめると、それは連載スタート時には予想されなかったプロダクトということになります。

具体的には、『巨人の星』のテレビアニメが、『スラムダンク』のテレビアニメ、劇場版アニメ映画、選手個人ホームページ、インターネット試合速報が、『ハイキュー!!』のテレビアニメ、劇場版アニメ映画、選手個人ホームページ、インターネット試合速報、舞台（2.5D）、DVD、キャラクターグッズ、キャラクターソング、ファンブック、カードゲームなどが、それに相当します。

そして、それぞれの「スポーツマンガ」の特徴的な中核ベネフィットが、「努力」から「自由」に変わることで、『巨人の星』の連載当時にはテレビアニメだけだった潜在的製品に、『スラムダンク』では、選手個人ホームページやインターネット試合速報という、IT化に伴うリアルなスポーツ情報がプラスされることになりました。

さらに、中核ベネフィットが「自由」から「萌え」に変化することで、『巨人の星』と『スラムダンク』の潜在的製品に加え、『ハイキュー!!』では、インターネットマンガ配信、舞台（2.5D）、DVD、キャラクターグッズ、キャラクターソング、ファンブック、カードゲームという、男女読者のオタク的なニーズを満たすような潜在的製品が、具体的なプロダクトとしてあらわれてくることになってきます。

それでは、これからの「スポーツマンガ」は、どのようなプロダクト構造を構成することと考えられるでしょうか。

それを「スポーツマンガ」の変遷の中で、一番新しい「多種多様スポーツマンガ」の『ハイキュー!!』のプロダクト構造を発展させながら考えてみると、そこからは、次のようなプロダクト要素が浮上してきます。

①中核ベネフィット＝「勝利・友情・萌え」
②ベーシックな製品＝絵柄（中性系）キャラクター（奔放）・スポーツ的ストーリー（リアリティ）
③期待された製品＝サブキャラ・連載・スポー

ツ知識（公平・合理性・発見・ルール、トレーニング方法、栄養学）
④拡大された製品＝少年誌（ジャンプ）・スポーツ情報・スポーツ記事特集・選手インタビュー・新しいプログラム（スポーツ大会、スポーツイベント、サイン会）
⑤潜在的製品＝テレビアニメ・劇場版アニメ映画・選手個人ホームページ、インターネット試合速報・インターネットマンガ配信・演劇（2.5D）、DVD、・キャラクターソング・キャラクターグッズ・ファンブック・カードゲーム

これらのプロダクト要素から、今後の「スポーツマンガ」の方向性を指し示す「プロダクトの5次元」をみいだすことができます。

2020年の夏に開幕を迎える東京オリンピックに向け、いやがうえにも子供たちのスポーツに対する興味や関心は高まっていくことになるでしょう。だからこそ、「スポーツマンガ」を読むことをきっかけに、スポーツに興味をもった子供たちが、その一歩を踏み出し、スポーツそのものを体験していくような、新たなスポーツとのかかわりが求められるようになってくるのです。

そうしたスポーツによる教育的効果が、これからの「スポーツマンガ」の方向性であり、これこそが、マスメディアとしての「スポーツマンガ」が果たす社会的使命でもあり、世の中の「スポーツマンガ」に対する社会的期待のあらわれということができるのです。

スポーツとマンガとマネジメント、一見それらには何の関係もないように思われていたかもしれません。しかし、これまで愛されてきた多くのマンガには、スポーツマネジメントでの製品論やプロダクト構造での密接なつながりとともに、骨太の構造があって、そこからは「スポーツマンガ」がもっている、普及・振興のためポテンシャルも予感されたことでしょう。

この視点からの「スポーツマンガ」の普及と、「スポーツマンガ」の活用によるスポーツの普及に期待したいものです。

4. 生きたスポーツマネジメントに向けて（トピックスへのマネジメントアプローチ）

3 スポーツ教育の充実をめざして
①保健体育の教育とマネジメント

わが国におけるスポーツ教育の1つには、学校において学習指導要領に基づく教育課程に位置づけられた小学校体育科、中学校および高等学校保健体育科において、また、総則に示された体育・健康に関する指導において行なわれるものがあります。ここでは、保健体育の教育の充実をめざして、現状と課題、今後の方向性について、マネジメントの視点からとらえてみたいと思います。

体育の教育と保健体育科の現状と課題

保健体育の教育は、体育・健康に関する指導において、「保健体育科、技術・家庭科及び特別活動の時間はもとより、各教科、道徳科及び総合的な学習の時間などにおいてもそれぞれの特質に応じて適切に行うよう努める」（文部科学省，2017a）とされており、概ね「学校体育」と「学校保健」で取り組まれることになります。現状の課題としては、学校体育と学校保健の関連が十分ではないのではないか、各教科・領域等の関連が十分ではないのではないかということがあげられます。

体育の教育の中心的存在である体育科・保健体育科の教育に視点を移しても、体育と保健の学習の関連が不十分ではないかということが考えられます。体育と保健の学習の関連については、平成29年版学習指導要領の小学校体育科および中学校保健体育科において、相互の関連を図って取り扱うことが示されています（文部科学省，2017a，2017b）。制度上は、体育と保健の学習の関連を図ることや、特別活動、運動部の活動等との関連を図ることが求められることになるのです。

体育と保健の関連が十分に図られていないことについて、ここでは、「人」についてみていくことにします。

学校における教育課程の各教科の1つに位置する小学校体育科、中学校および高等学校の保健体育科の担当となる「人」は、教員免許状を有する

教諭が任用されています。

また、わが国の体育・スポーツの振興は、学校教育では体育の授業と、運動部の活動によって支えられてきました。しかし、学校教育活動の一環として位置づけられる運動部の活動は、現場の教員の高齢化や教員の勤務時間による教員の負担過重が問題となり、2017（平成29）年度からは教員以外の外部指導者を任用し、運動部の指導と大会への引率ができるように制度改正が行われています。

このことを踏まえて保健体育科の立場からみてみると、次のようなことがいえるのではないでしょうか。

- 運動部の顧問は保健体育科の教師だけが担当するものではない。
- 運動部は、スポーツに興味と関心をもつ同好の生徒が参加している。
- 教科では、体育も保健も必修であり、いずれの学校においても取り扱わなければならない。
- 学習指導要領に示す内容を、内容の取り扱いを踏まえて全ての子供に指導しなければならない。

注意しておきたいことは、各教科の1つに位置する保健体育科（小学校体育科）の授業は、教員免許を有する専門職としての小学校の学級担任、中学校および高等学校の保健体育科教諭が担当しているということです。課題としては、保健体育科に限らないと思われますが、学校保健（学校健康教育）を主として担当する教諭でさえ教員免許状を取得する過程で、当該校種の発達段階を踏まえた教科・領域の内容とその指導のための教授技術の修得が十分ではないということが指摘されることがあります。たとえば、「高校の物理の先生は物理学という親学問は教えているが高校物理は教えていない」というようにです。保健体育科の場合はどうでしょう。「高校の保健体育科の先生

は、体育は競技スポーツとその科学、保健は学校保健とその科学については教えているが、高校生の発達段階に合った運動・スポーツの学習や健康の保持増進のための学習を保証していない」のではないかということです。しかも、体育の実技は指導することができていても、保健の学習指導は不十分という実態が指摘されることがあります。保健の授業の指導を例にすれば、教科書を読み、アンダーラインを引き、定期テスト対策のためにひたすら暗記させるという授業から抜ききれないでいるのが現状でしょう。

このような現状になってしまうのはなぜなのでしょう。

1つは、保健体育科教師をめざす時の動機があげられます。高校生が保健体育科の教員免許を取得できる大学を受験する時に、保健体育科の授業に取り組んでみたいという意思をもって進学している生徒はどのくらいいるのでしょうか。現役続行を除けば、ほとんどは、自分が経験したスポーツで、運動部を指導して、全国大会に行きたいとか、野球で甲子園に出たいという動機で進学しているのではないでしょうか。

2つは、大学進学後です。進学した大学で、運動部に直接関係しない講義等で何を修得するかです。教員になってから必要となる保健体育科の授業をイメージして、それに必要な科目を履修するかどうかです。また、体育・スポーツ健康系の大学であれば、競技スポーツをめざした学生も多く存在し、運動部に所属すれば、その運動部特有の文化に染まっていくことになります。

3つは、卒業後に学校現場に出てからです。大学卒業後の初任校または最初の5年間くらいは特に教師の成長にとって影響が大きく重要です。具体的には、「専門は何ですか?」と質問されて自分の専門を名乗る時に、自分が得意とする運動種目を答えるのか、それとも免許状の「保健体育」と名乗るのかの違いとなってあらわれます。また、勤務した学校に保健体育科の研究室がある場合は、そこの部屋で電話を取る時に、「ハイ、体育科です」というのか、それとも「ハイ、保健体育科です」というのかです。

大学進学の時の動機、大学生活、教員になってからの環境や研修において、保健体育科教師として力量を高めることに向けて、何を見て、どの程度の経験がなされているのか、何を身につけているのか、といったことが問われる時代になってきているのではないでしょうか。

これらのことからみえてくる現状の大きな課題には、教員養成と研修のあり方が考えられます。

今後の可能性への期待

過ぎ去った過去は帰ってきません。現状を改善するには、今からどうするかを考えたいものです。たとえば、次の点に着目してみてはいかがでしょう。

- 授業改善に取り組む：授業改善の視点として、目の前の子供から学ぶ、自分が指導した時の子供の反応を観察する、反応の観察は教師の独善にならないように子供の振り返りからつかむ、指導する（学習させる）内容を明確にし、身につけたい能力を明確にする、をあげることができます。

- 授業づくりを行う：子供が運動の楽しさを味わうことができるようにすることは重要なことです。しかし、教科として教えなければならない指導内容（学習内容）は確実に学ぶことができるようにすることが求められます。特に、文化的、科学的な背景をおさえつつ学習指導要領および解説を読み解くことが重要となるでしょう。そして、体育の場合は運動ができるようになる核となる動きとしてのコアな動きの絞り込みをすること（保健の場合は要因や条件、概念を明確にすること）です。ともすると、教師の思い込みになったり、流行に流されたりすることになりますので、的外れにならないようにすることです。

- 教材と学習過程：子供たちが魅力をもって学習に取り組むことができるような教材作成、方針を立てた授業づくりを心がけることです。特に、思考・判断の働く学習過程を仕組むことです。

このような授業づくりをするには、図1のような授業イメージをもっているとよいかも知れませ

ん。「図1」の具体と抽象は、水遊び（小学校第2学年）単元を例に、授業の進み方を具体と抽象の振り子を示そうとしたものです（今関，2009）。図の手前側には、「具体」として学習活動が下から順に単元の「はじめ」、「なか」、「まとめ」として積み重なっています。各時間の授業は、時間のまとまりごとに奥側の学習内容に向けて進みます。教師は、「Ⅰ　色々な水遊びに楽しく挑戦しよう」の運動を取りあげる時に、奥側の「①水中で目を開ける（プールに立って）」の抽象の学習内容に向かうように、それを意図して授業を行うのです。

スポーツ教育の充実に向けて、今後の可能性を開くには、「人」の活躍は極めて重要です。「指導者になる」のは、運動部の活動を指すのではなく、「教育に携わる教師になる」という意味でとらえておきたいものです。

保健体育の教育とマネジメント

ここでは、現状と課題でとらえてきた「人」の側面をマネジメントの視点から、「教員養成および教員研修にかかわるサポート」、「チーム保健体育科」、「学校全体の保健体育」の3点でとらえてみます。

1 教員養成および教員研修にかかわるサポート

教員養成において、保健体育教師をめざす学生の教師像と現代の保健体育教師に求められる教師像とが、マッチングをしていないという課題が存在しています。この問題は、短期的な解決と、中長期的な解決が必要と思われます。これらの取組によって、効果的な教員養成のシステムに磨きをかけていくことが考えられます。現在、様々な場で実施されている研修会において、現職の教員の視野の拡大や教育力の向上のためのより充実した内容のあり方などが問われることになるでしょう。

そのような取組は、教育政策や教育行政のレベルでのサポートが不可欠となります。今後は、広く議論を積み重ねてより効果的なあり方を追求していくことが期待されます。

2 「チーム保健体育科」へ

体育科・保健体育科の学習が、運動・スポーツに限ったものではなく、健康の保持増進のための保健の学習とも関連を図り、さらには他の教科領域等との関連も視野に入れて行くには、自分の教科の授業改善・開発から取り組んでみてはいかが

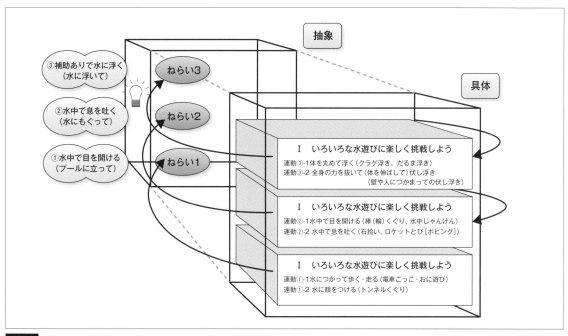

図1　「水遊び」の具体と抽象

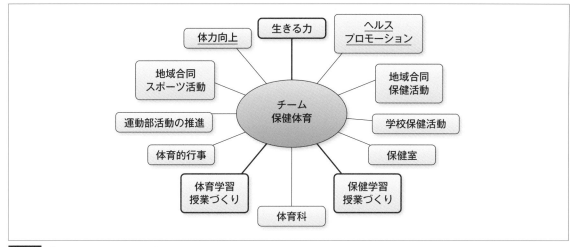

図2 「学校全体の保健体育」の目標と取組

でしょう。しかし、魅力的な授業の開発は、現場教師が一人で取り組むには限界があります。まずは体育と保健の授業に対して熱意を有する現場教師とチームとなって連携を模索してはいかがでしょう。授業研究の仲間をつくり、お互いの授業をみあったり、指導案検討をしたりするなどをとおして自分自身へのフィードバックを得ることも1つの方策となるでしょう。

また、行政の指導主事、保健体育授業を研究対象とする研究者の存在も欠かせません。

このような「人」が体育科・保健体育科の授業開発に向けて集い、情報を共有することは重要な視点の1つとなるでしょう。

3 「学校全体の保健体育」へ

体育科・保健体育科の授業開発は、一人の教師で取組むのではなく、「チーム保健体育科」としてのアプローチが必要となります。また、対象としている教科は、学校全体の中でどこに位置しているのか、関連のある目標、活動、関連事項を総合的にとらえるとどのようになるのかといったことが必要になるでしょう。図2は、その全体像を示そうとしています。「生きる力を育む」ことをめざして、どのような取組をしていくのかが重要となります。学校における教育課程はもとより、運動部の活動等の指導をとおして（学習指導要領の総則では）家庭や地域社会との連携を図りながら日常生活において適切な体育・健康に関する活動の実践を促し、生涯を通じて健康・安全で活力ある生活を送るための基礎が培われるよう配慮することが求められています。学校での取組は、そこから広がって、保護者や地域住民の理解による家庭や地域での協力も、今後はますます重要になるでしょう。

これらのことは、特に、「子供たちの体力向上」や「ヘルスプロモーション」の視点からみても、図2のような様々な取組や活動が統合されることによって実現できるのではないでしょうか。その際、個々の教師にとどまらず、各教科等の固有性を活かしつつ学校において取り組むことによって機能していくことが大切になるでしょう。学校全体の取組につなぎ、課題の解決に向かうには、効果的なリーダーシップや体制づくりを行い、組織の活性化をすることが重要となるでしょう。この取組は、「体育主任（体育科・保健体育科の教科主任）」や保健主事といった立場にある「人」のリーダーシップのあり方にも左右されます。

今後は、「学校全体の保健体育」に取り組んだ成果を共有し、各学校の取組を行政や地域の支援によって、より推進していけるように取り組んでいきたいものです。

3 スポーツ教育の充実をめざして ②体育の授業づくりとマネジメント

授業づくりのポイント

1 体育の授業づくりがめざすもの

よい体育授業とは、「目標が達成され、学習成果が十分に上がっている授業」のことです（高橋, 2010）。学習指導要領では、体育授業の目標が、1）【知識及び技能】、2）【思考力，判断力，表現力等】、3）【学びに向かう力，人間性等】から構成されています。体育授業では、この3つの目標を関連させながらバランス良く確実に子供たちに保証していく必要があります。

2 体育の授業づくりを行う上での前提条件

よい体育授業を創る上で、まず確認しなければならない前提条件が3つあると考えられます。第1に単元時数、第2に施設・用具、第3に学習者の実態やクラスサイズ（人数規模）、以上の3つです。

たとえば、ゴール型サッカーの授業を計画する際、単元が1単位時間×何回分設定できるのか、どのような種類のボールをいくつ活用できるのか、コートをいくつ設定できるのか、学習者のレディネスや人数によって、設定される単元や授業の目標は異なってくるといえます。したがって、体育授業づくりにおいては、まず、上記の前提条件3つを確実に確認・考慮することが求められます。

3 単元目標と評価規準の作成

体育の授業づくりでは、上記の3つの前提条件を踏まえた上で、次に、単元計画と評価計画を作成する必要があります。以下では、中学校3年生女子30名のクラスを対象とした、単元10時間のゴール型サッカーの授業を例にしながら、単元計画と評価計画の作成方法について概説していきます。

まず、生徒の実態は、全体的に、サッカーへの苦手意識が高いクラスであると想定しました。単元の目標は、新学習指導要領解説（文部科学省, 2017）の球技領域における中学校3年生の内容を参考にし、以下のように設定しました。

1）サッカーでは、技術の名称や行い方を理解するとともに、安定したボール操作と空間をつくり出すなどの動きによってゴール前への侵入などから攻防をすることができるようにする【知識及び技能】、2）攻防などの自己やチームの課題を発見し、合理的な解決に向けて運動の取り組み方を工夫するとともに、自己や仲間の考えたことを他者に伝えることができるようにする【思考力，判断力，表現力等】、3）サッカーに自主的に取り組むとともに、フェアなプレイを大切にしようとすること、健康・安全を確保することができるようにする【学びに向かう力，人間性等】。

次に、評価規準を設定します。表1は、単元および学習活動に即した評価規準の例を示しています。まず、単元の評価規準は、単元全体で評価する内容を示します。先にも示しましたが、「目標に準拠した評価」という考え方から、単元の評価規準は、単元の目標と同様の内容になります。

続いて、学習活動に即した評価規準ですが、これは、単元の評価規準を分解および具体化したものです。まず、学習指導要領解説には、「知識・技能」、「思考・判断・表現」、「主体的に学習に取り組む態度」の3つの目標に対応して、それぞれ指導内容の例示が記載されています。したがって、この指導内容の例示を参考にして、評価規準を設定していきます。

なお、学習活動に即した評価規準の設定では、解説を参考にしつつ、ゴール型サッカーに配当できる単元時数や生徒の実態を考慮して、設定する評価規準の内容や数を絞り込む作業が必要になります。たとえば、「知識・技能」における「技能」についてみてみると、学習指導要領解説の中学校3年生における球技ゴール型の技能は、「ボール

表1 単元及び学習活動に即した評価規準の例

	知識・技能	思考・判断・表現	主体的に学習に取り組む態度
単元の評価規準	・サッカーでは、技術の名称や行い方を理解すると共に、安定したボール操作と空間をつくり出すなどの動きによってゴール前への侵入などから攻防をすることができる。	・攻防などの自己やチームの課題を発見し、合理的な解決に向けて運動の取り組み方を工夫すると共に、自己や仲間の考えたことを他者に伝えている。	・サッカーに自主的に取り組むと共に、フェアなプレイを大切にしようとしている。 ・健康・安全を確保している。
学習活動に即した評価規準	①サッカーにおいて用いられる技術や戦術、作戦には名称があり、それらを身につけるためのポイントがあることについて具体例をあげている。 ②戦術や作戦に応じて、技能をゲーム中に適切に発揮することが攻防のポイントであることについて言ったり、書き出したりしている。 ③味方が操作しやすいパスを送ることができる。 ④パスを出した後に次のパスを受ける動きをすることができる。 ⑤ゴール前に広い空間をつくり出すために、守備者を引きつけてゴールから離れることができる。	①選択した運動について、合理的な動きと自己や仲間の動きを比較して、成果や改善すべきポイントとその理由を仲間に伝えている。 ②自己や仲間の技術的な課題やチームの作戦・戦術についての課題や課題解決に有効な練習方法の選択について、自己の考えを伝えている。	①サッカーの学習に自主的に取り組もうとしている。 ②相手を尊重するなどのフェアなプレイを大切にしようとしている。 ③健康・安全を確保している。

操作技能」と「ボールを持たない動き」を含めて全部で8個の内容が例示されています（文部科学省, 2017）。単元の時数が20時間以上あれば、8つの全ての指導内容を無理なく指導・評価していくことができるかもしれません。しかし、今回の例では、10時間の単元時数で、なおかつ、生徒の実態をサッカーへの苦手意識が高いクラスと想定しているため、「知識・技能」における「技能」の学習活動に即した評価規準を3つ（**表1**の「知識・技能」における③、④、⑤）に絞りこみました。

4 単元計画および評価計画の作成

ここでは、**表1**で設定した学習活動に即した評価規準を単元10時間の各時間の中に割り振っていきます。ここで留意することは、1単位時間内で無理なく指導・評価できるように評価規準を1単位時間中2つ以内に設定することです。また、特に、「技能」の内容については、生徒が習得に時間を要することと、教師が指導と評価を適切かつ確実に行えるように、単元内に同じ評価規準の内容を複数回設定します。同時に、各評価規準をどのような方法で評価するのかについても計画しておく必要があります。たとえば「観察」や「学習カード」がその例です。

なお、学習カードについては、その時間に学習者に書き出させたい内容を明確に示しておく必要があります。また、チームでの学習カードや、作戦ボードを用意し、作成や戦術に関する言語活動が活性化する工夫も必要になるといえます。

5 教材・教具の工夫

単元の計画および評価計画を構成後、授業の目標を達成させるための教材・教具を開発・工夫することが求められます。教材とは、「学習内容を習得するための手段であり、その学習内容の習得をめぐる教授＝学習活動の直接の対象となるもの」（岩田, 1994, p. 28）と定義されています。簡単に言い換えれば、学習者が学習する対象となる練習やゲームのことです。学校体育では、素材としての種目は、子供たちにとっては複雑で難しいため、子供たちの実態に応じて楽しめる練習やゲームを工夫する必要があります。

そこで、サッカーのメインゲームの教材例として、**図1**のような4対4のゲームを考案しました。

なお、ルールやコート等を工夫した簡易化されたゲームは、ゲームに慣れるまでに時間を要します。したがって、単元のなるべく長い時間を通じて、同じゲームを実施していくことが必要です。本稿の例では、4対4のメインゲームを単元10時

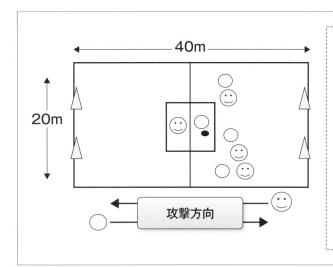

図1 ゴール型サッカーにおけるメインゲーム（4対4）とルールの例

間全ての時間を通じて実施していくように計画しています。

教材の有効性を高めるためには、教具の工夫も必要になります。本稿の教具の工夫例としては、たとえば、フットサルボールを使用するよう計画します。フットサルボールは、重みがあることに加え、弾みにくい性質を有しています。そのフットサルボールの空気を抜くことで、パスやトラップのコントロールを緩和させるとともに、強いパスを出してもボールの勢いがなくなり遠くに転がっていくことがなく、止まりやすくなります。

以上のように、設定された単元や本時の目標を達成させるための教材を開発・工夫し、単元の各時間に配列していくことが必要です。同時に、教材をより効果的に機能させるための教具の工夫も体育授業づくりの重要なポイントになります。

6 体育授業中における教師行動の計画

実際の体育授業場面では、学習者の技能や学習意欲の向上を促すために、教師は言葉がけを行います。体育授業では、学習者を褒める肯定的な言葉がけや、動きを修正する矯正的な言葉がけが必要になります。また、学習者の思考力・判断力・表現力等を促すための発問も求められます。こういった言葉がけの内容等についても計画しておく必要があります。

また、体育授業では、座学とは異なり、準備・片付け、移動、待機等の学習には直接かかわらない場面が必然的に生じます。こういった場面をマネジメント場面といいます。教師は、このマネジメント場面をいかに効率的に少なくして、運動学習の時間を確保するかを求められることになります。たとえば、授業の中で毎時間生じる常軌的行動について、単元はじめ（オリエンテーション）に約束ごとを決めて指導し、単元全体を通じて守らせていくことや、学習規律を確立していく等の工夫によって、「構造化されたマネジメント」を確立していく必要があります（高橋、2010）。なお、ここでいう「マネジメント」は、体育授業の中で用いる用語であり、狭義の意味でのマネジメントです。

授業づくりのマネジメント

授業づくりにかかわるマネジメントは、図2のように3つの層でとらえることができます。1つは、授業では技術指導、安全指導および指導計画などが中心的な指導の要件となります。しかしながら授業においてはそれらの指導に付随する用具配置やグループづくりなどの場の工夫も必要となり、これらは授業づくりにおける最もテクニカルなマネジメントとして位置づけることができます。また、個々の授業のための年間の計画や教科間の調整、全体で取り組む学校行事などは授業づ

図2 授業づくりにかかわるマネジメント

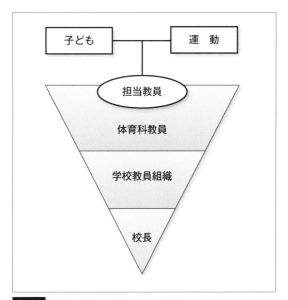

図3 授業づくりを支えるマネジメント

くりに関連する学校での実体的なマネジメントに相当します。

　さらに、それらの学校における教育的活動の指針となる基本方針や中長期計画なども求められましょう。それらは、学校全体のコンセプトづくりや組織づくりなどのようにより戦略的なマネジメントが必要であることを示しています。

　特に授業づくりにおいては、直接的には用具配置などのようなテクニカルなマネジメントが求められますが、学校全体のマネジメントや戦略的なマネジメントと関連づけておくことが必要となります。

授業づくりを支えるマネジメント

　授業における直接的なマネジメントに加えて、授業づくりを支えるマネジメントも必要になります。図3は、その関係を示しています。マネジメントの分野においては、授業づくりはまさにサービスづくりであり、そこでの主役は児童生徒などの子供で、運動の結びつきを担当教員が支えるという仕組みが連想できます。また、それぞれの担当教員が、複数の体育科教員と連携し支え合う仕組みも見逃せません。さらに、体育科教員全体が職員会議などのような学校組織と連携し、協力し合うことも重要となります。

　このように授業づくりの現場をそれぞれが構造的に支え合うとともに、活性化していく組織づくりを支えるのはトップマネジメントとしての校長に他なりません。トップとしての校長は、重要事項の伝達はもちろんのこと、組織の効果的な活動や活性化を左右するキーパーソンであることが求められます。

　この関係は、先に述べた「サービスづくりのための」組織観にほかなりません。すなわち、マネジメントとしては企業組織でのサービスづくりと学校における授業づくりはまさに共通した仕組みと活動の展開と理解できましょう。

4. 生きたスポーツマネジメントに向けて（トピックスへのマネジメントアプローチ）

3 スポーツ教育の充実をめざして
③児童生徒の健康教育とマネジメント

今日の学校教育においては、具体的には健康の教育とスポーツの教育は区分されているのが実状です。しかしながら、現代の児童や生徒がかかえる様々な課題は、単一の教科や活動で対応できるという範囲を超えていることも確かなことでしょう。たとえば、ヘルスプロモーションの視点に立った健康教育や生涯にわたる運動やスポーツ実践の能力の育成には、総合的な視点に立ったマネジメントが求められます。まずは、児童生徒の健康教育の状況や課題について触れていきます。

児童生徒の健康教育をめぐる状況

1 学校で行う健康教育

学校で行う健康教育は、児童生徒が生涯を通じて健康・安全で活力ある生活を送るために必要な資質や能力を育て、心身の調和的な発達を図るこ

とを目的に行われます。健康教育は、学校保健、学校安全および学校給食や食に関する指導を包括したものであり、これらは学校の教育活動全体を通じて行うことと学習指導要領に示されています。また、教育基本法、学校教育法、学校保健安全法など、関連する法律などに基づいて健康教育が進められています（表1）。

2 学校で行う健康教育の方向性

健康についての考えは人それぞれですが、教師や指導者が、健康の大切さをしっかりと認識した上で児童生徒とかかわり、健康教育を進めていくことが望まれます。

その基本となるのがヘルスプロモーションの理念です（表2）。「人々が自らの健康課題を主体的に解決するための技能を高めるとともに、それらを実現することを可能にするような支援環境づく

表1 健康教育にかかわる法令等

小学校　学習道指導要領　第1章　総則　体育・健康に関する指導
学校における体育・健康に関する指導は、児童の発達の段階を考慮して、学校の教育活動全体を通じて適切に行うものとする。特に、学校における食育の推進並びに体力の向上に関する指導、安全に関する指導及び心身の健康の保持増進に関する指導については、体育科の時間はもとより、家庭科、特別活動などにおいてもそれぞれの特質に応じて適切に行うよう努めることとする。また、それらの指導を通して、家庭や地域社会との連携を図りながら、日常生活において適切な体育・健康に関する活動の実践を促し、生涯を通じて健康・安全で活力ある生活を送るための基礎が培われるよう配慮しなければならない。

教育基本法　第1条（教育の目的）
教育は、人格の完成を目指し、平和で民主的な国家及び社会の形成者として必要な資質を備えた心身ともに健康な国民の育成を期して行われなければならない。

学校教育法　第21条8
健康、安全で幸福な生活のために必要な習慣を養うとともに、運動を通じて体力を養い、心身の調和的発達を図ること。

学校保健安全法　第1条（目的）
この法律は、学校における児童生徒等及び職員の健康の保持増進を図るため、学校における保健管理に関し必要な事項を定めるとともに、学校における教育活動が安全な環境において実施され、児童生徒等の安全の確保が図られるよう、学校における安全管理に関し必要な事項を定め、もつて学校教育の円滑な実施とその成果の確保に資することを目的とする。

| 表2 | ヘルスプロモーションの理念 |

世界保健機関（WHO）のオタワ憲章（1986年）において、「人々が自らの健康をコントロールし、改善することができるようにするプロセス」として表現されたヘルスプロモーションの考え方は、20世紀の後半以降、世界的に広まっています。ヘルスプロモーションの考え方においては、人々が自らの健康課題を主体的に解決するための技能を高めるとともに、それらを表現することを可能とするような支援環境づくりもあわせて重要であることが示されています。【『子どもの心身の健康を守り、安全・安心を確保するために学校全体としての取組を進めるための方策について（答申）』中央教育審議会　平成20年1月17日】

りもあわせて重要である」と示されたこの理念は、現行の学習指導要領（平成20年6月）にも反映されており、学校で行う健康教育はこの理念に基づいて進められています。

❸ 児童生徒の健康課題

　今日の急激な社会環境や生活スタイルなどの変化は、児童生徒の心身の健康に大きな影響を与えています。その結果、生活習慣の乱れやメンタルヘルスに関する課題、アレルギー疾患、性に関する健康問題、薬物乱用、感染症など様々な健康課題が問題となっています。

▪ 生活習慣の乱れ

　生活の夜型化、朝食の欠食や偏食、睡眠不足、運動や遊びなどの身体活動の不足による体力や運動能力の低下、肥満傾向児童の増加などがあります。最近では、携帯電話やパソコン、テレビやビデオなど、長時間におよぶメディアとの接触が児童生徒の健康を害しているとの見方もあります。

▪ メンタルヘルス

　いじめ、不登校、児童虐待等があげられます。特に、不登校や自殺などを引き起こす要因ともなるいじめは、大きな社会問題となっています。また、児童虐待は、子供の心身を傷つけ、心的外傷後ストレス障害（PTSD）や虐待の連鎖につながる重大な問題です。日頃から児童生徒と接する教職員には、いじめや児童虐待を早期に発見し早期に対応することが求められています。

▪ アレルギー疾患

　気管支喘息、アトピー性皮膚炎、アレルギー性結膜炎、アナフィラキシーなどのアレルギー疾患を抱える児童生徒も登校しています。教職員は、事前に既往症を把握し処置の仕方などについて共

通理解を図っておく必要があります。今日では、アナフィラキシーへの緊急時の対応として教職員がエピペン注射を使用できるようにもなっています。

▪ 性に関する健康問題

　性に関する情報の氾濫など、児童生徒を取り巻く社会環境は大きく変化しており、若年層の人工妊娠中絶や性感染症等の問題があります。

▪ 薬物乱用

　青少年が占める大麻、MDMA等の合成麻薬事犯の割合が高い状況にあります。薬物に関する情報が氾濫し、インターネットなどをとおして薬物が入手しやすい環境が問題になっています。

▪ 感染症

　新型コロナやインフルエンザ、ノロウイルスによる食中毒、麻しんなどの集団感染が度々ニュースになります。これらに対する予防は当然のことながら、集団感染が発生した際の対応をシミュレーションするなど、常に備えが必要です。

　なお、これらの健康課題の背景には、社会環境、とりわけ家庭環境が大きく影響しています。教師や指導者は、家庭や生活環境にも注視して児童生徒と向き合うことが大切です。

学校で行う健康教育の課題と可能性

❶ 学校における健康教育の課題

　健康に関する指導は、学校の教育活動全体を通じて適切に行うこととされています。具体的には、体育科や家庭科など関連する教科や、道徳、特別活動、総合的な学習の時間など領域を超えて関連をもたせたり、体育に関する指導や食に関する指導を相互に関連させた指導をすることなど考えら

3　スポーツ教育の充実をめざして　　113

表3　保健主事にかかわる法令

学校教育法施行規則　第45条　保健主事
1　小学校においては、保健主事を置くものとする。
2　（省略）
3　保健主事は、指導教諭、教諭又は養護教諭をもつて、これに充てる。
4　保健主事は、校長の監督を受け、小学校における保健に関する事項の管理に当たる。

表4　学校保健計画にかかわる法令

学校保健安全法　第5条（学校保健計画の作成等）
学校においては、児童生徒等及び職員の心身の健康の保持増進を図るため、児童生徒等及び職員の健康診断、環境衛生検査、児童生徒等に対する指導その他保健に関する事項について計画を策定し、これを実施しなければならない。

れます。

しかし、健康教育が一部の担当者に任されていたり、様々な活動が単独で実施され組織的な取組となっていないケースなどがみられます。学校で行う健康教育は、取組体制の整備と関係機関や関係者との連携の強化が課題といえます。このことは、平成20年の中央教育審議会答申においても取りあげられました。さらに答申では、組織的な活動を充実させるために、教職員それぞれの立場や教育委員会の担う役割を明確にするとともに、家庭や地域との連携を強化することが具体的に示されました。

しかしながら、文部科学省を中心とする政策上のそのような理念に則って、教育現場において円滑に推進されない場合も実際には多く、今後はさらなる具体的な展開に大きな課題が残されているといえましょう。

2　保健主事の実践的なマネジメント能力への課題

学校内で健康教育を推進する立場にある主な職員は、管理職の他に養護教諭と保健主事（**表3**）があげられます。養護教諭は学校保健活動の推進に当たって中核的な役割を果たし、専門的な立場から管理や指導を行います。保健主事は、学校保健と学校全体の活動に関する調整や、学校保健計画の作成、学校保健に関する組織活動の推進（学校保健委員会の運営）など、学校保健に関する事項の管理にあたる職員として位置づけられていま

す。しかし、専門性を備え経験豊富な保健主事が少ない状況にあり、保健主事の能力や資質向上が求められています。文部科学省は、学校保健のマネジメントに関する研修プログラムを開発し、さらに、健康教育推進の指導書として『保健主事のためのハンドブック（平成22年3月）』を全校に配付し、保健主事の実務に役立てられています。

しかしながら、現状においては各保健主事がマネジメントを意識しつつ健康教育の推進が図られようとしていますが、必ずしも組織的な取組のノウハウが教育現場に定着しているとはいえない状況も見逃すことはできません。

児童生徒の健康教育とマネジメント

1　学校保健活動のプロセス

学校では、教育委員会の方針や指導のもと、各学校の教育目標の達成に向けて様々な教育活動が展開されます。それは、健康教育においても同様であり、自校の実態や課題を踏まえ、健康に関する目標を設定し、重点や実践事項を明確にして活動が進められます。その基本となるのが学校保健計画（**表4**）です（Plan）。この計画を、全教職員が理解し、目標に向け確実に共通実践が図られることで、教育目標の達成と健康教育の充実につながります。

また、そのような学校保健計画に基づいて保健管理や健康管理が具体的に実践され（Do）、さら

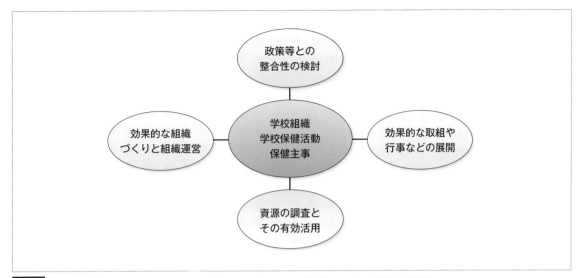

図1 学校保健活動と保健主事のマネジメント（4つのマネジメントの対象と業務）
（文部科学省，保健主事のための実務ハンドブック，2010）

に学校保健活動の評価（See）が適切になされることが求められています。

2 多角的な視野での学校保健活動の推進

そのようなプロセスを経て、展開される学校保健活動ですが、それらの活動を組織的に推進するためには、単に活動を一面的にとらえることなく多角的な視野でとらえ、調整をしていくことが求められます。図1は、その際に求められる典型的な4つの視点を示しています。この図は、保健主事がリードし、推進する学校保健活動が中心に位置づき、学校組織を前提にした児童生徒の健康の保持増進をめざすことを示しています。保健主事がそのような活動を効果的にマネジメントするためにはそれぞれ「政策等の整合性」、「効果的な組織づくりと組織運営」、「資源の調査とその有効活用」、「効果的な取組や行事などの展開」の4つのアプローチが基本となります。

政策論アプローチとは、自分たちの学校の健康教育を、先に述べた中教審の答申や学習指導要領の理念や内容といかに整合させるかという基本的なアプローチであり、この教育の最も基本となるものです。

次に組織づくりと運営は、組織を形成する全教員がいかに適材適所に配置され、いかにして能動的に健康教育に向かうかについてはたらきかけるマネジメントのあり方の問題です。保健主事のリーダーシップなどはその最も典型的なものとなりましょう。

資源の有効活用は、各学校がもっている伝統や文化も含めて、その学校規模や施設および教職員の特性をフル活用するためのマネジメントが相当します。

さらに、効果的な取組の展開は、各学校が独自に推進するプログラムや行事などが児童生徒の実状やニーズに適合しているかどうかを問い続ける視点です。マネジメントの分野では、まさにマーケティングが相当し、いかに参加者の満足や教育の成果につなげられるかが問われることになります。

力強い健康教育の推進のためには、キーパーソンとなる保健主事の総合的なマネジメント能力が不可欠になりますが、一方で、これらの4つの視点からのさらに効果的なマネジメント研究が不可欠であることはいうまでもありません。さらに、健康教育のような全学の組織的な活動によって達成される児童生徒の体力の向上に対しても同様に考えることができましょう。

現代的な学校教育の様々な課題に対しては、ますますマネジメントの考え方が重要になっていくもと思われます。

3 スポーツ教育の充実をめざして
④子供の体力向上とマネジメント

子供の体力をめぐる現状

1 体力と運動習慣の実態

体力とは身体の強さを示す言葉のことですが、次世代を担う子供たちに求められる体力は、「運動をするための体力」と「健康に生活するための体力」の2つです。前者は、調整力や瞬発力、持久力など、運動をするための基礎となる身体的能力のことです。後者は、健康を維持し、病気にならないようにする抵抗力などのことです。

「運動するための体力」を測定する調査で代表的なものは、「体力・運動能力調査」（体力テスト）です。この調査によれば、昨今における子供の体力は、一部の例外はあるものの、高水準であった昭和60年頃に比べ低い状況です。たとえば、小学生年代における走能力（50m走）と投能力（ソフトボール投げ）は、各年齢、性別において昭和60年頃に比べると低い水準の結果が続いています（図1、2）。その一方で、新体力テストが導入された平成11年以降、全テスト種目の総合得点は伸びてきており、子供の体力は緩やかな向上傾向にあります。体力テストのデータは毎年蓄積されていますので、最新動向を確認してみましょう。

子供たちが運動に費やす時間についてみてみると、「二極化」の傾向が確認できます（文部科学省，子供の体力向上のための取組ハンドブック，2012）。二極化とは、積極的に運動を行う子供とほとんど行わない子供の両極に分かれてしまっていることを意味し、その傾向は中学生以降に顕著となります。実際、2010年度において、一週間の総運動時間が60分未満の児童・生徒の割合は、小学生男子10.5％、小学生女子24.2％、中学生男子9.3％、中学生女子31.1％となっており、運動する時間が非常に少ない子供がたくさんいます。体力向上を図るためには、こうした「運動しない子供たち」へのアプローチが重要です。

2 スポーツの場や機会からの逃避理由

なぜ多くの子供たちが運動をしないのでしょうか。その要因（逃避理由）は次の4つの観点で理解できます。スポーツ嫌いや無関心といった「①主体的条件（スポーツを行う本人の問題）」、塾や習い事で忙しいなどの「②社会的条件（社会環境の問題）」、やりたいスポーツがないといった「③スポーツの条件（スポーツ自体の問題）」、仲間や

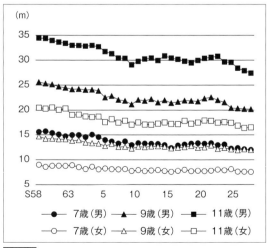

図1　50m走の平均タイムの変化

図2　ソフトボール投げの平均記録の変化

場所がみつからない等の「④スポーツ環境の条件（スポーツ環境の問題）」の４つです。

近年、運動・スポーツを行う「空間」、一緒に楽しむ「仲間」、行うための「時間」といった３つの「間」（サンマ）が減少したため、体力の低下が引き起こったという主張が盛んになされています。ここでいう時間や仲間の問題はスポーツ環境の条件の不足、時間の問題は社会的条件の不備のことです。体力向上という観点からは、こうした運動・スポーツが成立するための条件が整っていないという状況は問題でしょう。

また、主体的条件を整えることも大切です。なぜならば、運動・スポーツ行動の成立にとって、行う本人の興味や関心、考え方がとても重要になるからです。忙しい中、スポーツ環境が十分でない中でも、スポーツが楽しい、スポーツが大切と考える人は、自らすすんでスポーツを行うことが期待できます。そして、こうしたスポーツに対する好意や興味・関心を育む場の中心が学校です。

学校体育における体力向上

■1 学校体育の変遷と「楽しい体育」

学校体育とは何をめざした営みなのでしょうか。体育の目的の変遷を辿ってみましょう。戦前には、近代国民国家の担い手となる国民の形成、さらには富国強兵策として軍事力を支える身体をつくること、つまり「①身体の教育」が重要な目的とされました。戦後から70年代はじめ頃までは、規律訓練という意味合いが強い「体操」ではなく、健全な「スポーツ」によって身体的、社会的、精神的な発達を遂げる「②スポーツによる教育」がめざされました。そして70年代以降、現在に至るまで、脱産業社会の中で「③スポーツの教育」という理念が重視されてきています。機械化の進展によって仕事や作業に要する運動量が減少し、余暇が増加したことで、運動やスポーツは生涯を通じて健康で豊かな生活を過ごすために行われるべきものとしてみなされました。そんな時代の中でめざされているのが、生涯にわたって自主的・自発的にスポーツを実践し続けていく力の涵養です。

「生涯スポーツの実践力」を育むというこの理念を達成するためには、体育においてスポーツの楽しさについて学ぶことが必要です。こうした考え方は「楽しい体育」と呼ばれ、今日においても重要な視点です。「陸上運動で仲間と競い合うことが楽しい」や、「器械運動でできない技ができるようになったことが嬉しい」といったスポーツの特性（機能的特性）に触れながら、その楽しさの味わい方について学習することが「楽しい体育」の具体的な目標です。そして、その目標をクリアするための過程で、スポーツに対する興味・関心を育み、知識や技能・体力、マナー・ルール等を身につけていきます。

■2 体力向上の考え方

「②スポーツによる教育」と「③スポーツの教育」（楽しい体育）には、スポーツを「手段」ととらえるか、「目的」ととらえるかという点に違いがあります。前者はスポーツを手段とみなし、その実践による効果を主眼としていました。それに対して、後者はスポーツを目的として位置づけ、児童・生徒が自ら創意工夫をしながらスポーツに取り組むこと自体を大切にするものです。

スポーツを通じて体力の向上をめざすことは、スポーツを手段的に活用する発想といえます。そして、この手段の側面のみを追求すると、たとえば、体力水準を高めるためのサーキットトレーニングやウエイトトレーニング等を「強制的に」やらせるといった指導がなされることも想定できます。しかし、そうしたスポーツをする側（児童・生徒）の自主性・自発性を尊重しない学習活動では、子供たちが生涯にわたってスポーツ活動に親しみ、継続的に体力の保持増進を図るための素地を育成することは困難です。なぜならば、学校を卒業した後のスポーツとは、自主的・主体的な活動に他ならないからです。

では、体力の向上について、どう考えればよいのでしょうか。「楽しい体育」の考え方では、その学習過程において子供たちが「楽しいから上手になりたい」とすすんで取り組むことになり、必然的に運動量が増加することで体力や技能が向上するとされています。つまり、体力の向上とは、

3　スポーツ教育の充実をめざして　117

子供たちがすすんで行うスポーツ実践の「結果」として生じるものとして考えることが重要なのです。指導にかかわる方々には、子供たちが自らスポーツを楽しみ、その結果として実際の運動量が増加していくというみとおしをもつことが求められるでしょう。

③ 学校における体育的活動の広がり

さて、ここからは学校体育のマネジメントについて考えていきます。まず、学校にはどのような体育的な活動があるのかを確認しましょう。学校の体育的活動は、①教科体育と②教科外体育の2つに区分されます。教科体育とは、毎週の時間割に組み込まれている体育の授業のことです。授業は、学校体育の中核に位置づくもので、その中で子供たちは、スポーツの楽しさを実現するために必要となる基礎について体系的に学習します。一方、教科外体育とは、授業以外の体育的な取組のことで、運動部活動や体育的行事（運動会や球技大会等）、自由時間の遊びなどがあります。

こうしてみると、一口に体育といっても、実は授業だけのことではなく、その活動の幅やそれぞれ特性は多岐にわたります。そして、その教育を担当するのは、体育教師以外の教員も含まれていることがわかります。このように、色んな活動を多くの担当者で実施していくのですから、より大きな成果をあげるためには、教職員の協調行動を促す営み（＝マネジメント）が必要になります。

④ 学校と地域との連携

チーム学校や部活支援員という話題が注目を集めているように、近年の学校には、学校外の様々な主体と効果的に連携し、多様な人々を巻き込みながらスポーツ活動を推進することも求められています。外部の人や組織との望ましい関係をつくるための取組については、経営学ではパブリック・リレーションズ（PR：Public Relations）と呼ばれます。PRというと「広告」のことをイメージしがちですが、実は組織の目標を達成するための関係づくりというのがその本質的な意味です。

では、PR（地域との連携）について教職員は何を意識すればよいのでしょうか。学校は、図3のような多くの関係者と協力しながら、体力向上

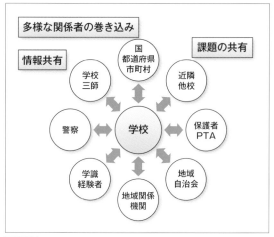

図3　学校体育におけるパブリック・リレーションズ

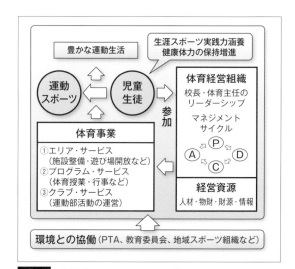

図4　学校体育におけるマネジメントの構造

に向けた取組を進めます。その際のポイントは、育てるべき子供の姿について関係者の間で共通の認識を形成し、課題を共有することです。それぞれの状況や特性の異なる関係者の効果的な連携を成功させるためには、「何をめざすのか」という最も基本的な部分でのコンセンサスが重要となります。

⑤ 学校体育の構造とマネジメント

学校体育のマネジメントの構造をみてみましょう。図4の左上の部分では、児童生徒がスポーツにかかわることで、生涯にわたるスポーツ実践力を養い、健康体力の保持増進を図るといった「目的」を表しています。左下では、学校における体

育的な活動の場を３つの「体育事業」として示しています。右側は、その体育的事業を企画運営する主体としての「体育経営組織」です。つまりこの図では、体育経営組織が合理的・効率的に体育事業を実施し、スポーツ行動を引き起こすことで体育の目的を達成するという流れをまとめています。

この一連の流れを進める上で重要となるのがマネジメントサイクルです。その基本的な考え方とは、計画（Plan）→実施（Do）→振り返り（Check）→修正（Action）といった流れのことで、それぞれのアルファベットの頭文字を取ってPDCAサイクルとも呼ばれます。学校体育に当てはめると、年間計画・指導案などの作成（P）→校務分掌・体制づくりなど事業の実施（D）→実施過程と成果の評価（C）→フィードバック・修正（A）といった活動になります。また近年、教職員の多様性を活かすための「新しいPDCA」も提起されてきています（**表1**）。この４つの活動段階で重視されているのは、コミュニケーションを促進させながら教職員個人の納得感と協同意欲を醸成しながら、学校が生み出す成果を高めることです。

このようなマネジメントでリーダーシップを発揮することが期待されるのは、学校体育の統括役である体育主任です。体育の専門知識を身につけた体育主任は、校長（トップ・マネジメント）と現場の教職員（ロワー・マネジメント）との中間に位置するミドル・マネジメントです。ミドル・マネジメントの基本的な仕事は、指示・命令や報告・連絡・相談（ホウレンソウ）の際に上司と部下をうまくつなぐことです。それだけでなく、関係者に共通認識を形成することで協力を促したり、活動の改善に結びつくアイディアを創造したりする、「戦略型ミドル」としての活躍も求められています。

⑥ 体力向上のための４つのマネジメント

ここまで様々なマネジメントについて確認してきましたが、学校体育における体力向上のためのマネジメントは、４つの観点に整理することができます（**表2**）。「①体育・スポーツの場におけるマネジメント」は、個別のスポーツ教育の場にお

表1 新しいPDCA（４つの活動段階）	
Planting	主体化の種をまく（他人事にしない）
Diagnosis	現状を分析する（思い込みで判断しない）
Clarify	課題の明確化（原因究明、優先順位の設定）
Approach	解決策の実施（絵に描いた餅にしない）

（教員研修センター，学校組織を強化するプロセスマネジメント研修，2007を参照し，筆者作成）

表2 体力向上のための４つのマネジメント

①体育・スポーツの場におけるマネジメント
②体育・スポーツを支えるマネジメント
③体力向上のための学校全体の組織マネジメント
④体力向上のための地域との連携とマネジメント

いて実際に行われるもので、施設・設備の最適化やグループや班の効果的な構成などのようにそこでの教育内容を機能させるための営みです。また、「②体育・スポーツを支えるマネジメント」は個々の活動を調整し、それぞれを円滑にそして効果的に展開させるための取組であり、教員の特性を活かす配置や年間計画の策定などが相当します。「③体力向上のための学校全体のマネジメント」は、学校全体でのプログラムや行事を、全教員をはじめ、状況によっては児童・生徒を含めて実施する際の管理行動となります。さらに、「④体力向上のための地域連携マネジメント」は、重要な情報を提供することで、家庭や地域の理解を得ながら協働することをめざす活動となります。これらの４つのマネジメントは、それぞれが効果的に行われることが求められますが、体力の向上という１つの目標に向けて全体的な統合・調整も求められます。

このような学校における体育・スポーツ活動の全体を視野に入れたマネジメントのあり方については近年、独立行政法人教職員支援機構が「体力向上マネジメント」をテーマにして本格的な研修プログラムを全国的に開始するに至っています。体育・スポーツの教育の充実とともに、その成果としての「体力向上」までを明確に意図したマネジメントへの関心が一気に高まっている状況となっています。

コラム-5　教育現場からの「こんな研修会に参加をしたい」

　目下のところ、教育界はやや「マネジメントブーム」かもしれません。しかしながら、関心の高さや必要性への高まりに比較して、マネジメントの基本的な発想や具体的な理論の展開および技法の浸透はといえば、教育の世界ではまだまだ発展途上の状況ではないでしょうか。

　本書を担当した私たちの中の4名（今関、高橋、小野里、畑）は、学校での健康教育や学校保健活動のキーパーソンである保健主事のマネジメント能力に焦点をあてた全国調査（日本学校保健会、文部科学省、平成26年）に参加をしました。以下の図は、その結果の一部を示しています。

　図1は、保健主事が研修会で取り上げてほしいと答えた内容を示しています。さすがに、この分野の特徴である「危機管理」や「健康課題」が多くなっていますが、この段階でも「マネジメント」は少なくはありません。今後さらにマネジメントの理解が進んでいくことによって、さらに要望が高まるものと推測されます。次に図2は、マネジメントの4つの基本領域別の要望を示しています。この種の研修会では、行政サイドの情報発信や伝達が多いのですが、要望の中身は「効果的な取組・行事の企画」とその「展開方法」が高くなっており、マネジメントの専門的な立場でいう「マーケティング」や「サービス論」への潜在的なニーズが高いことを示しています。教育現場では、様々な業務や実務がマネジメントの実際と同様であっても、必ずしも専門的な用語で説明がなされない場合が多い状況となっていますが、保健主事や健康教育の関係者のマネジメント意識や理解は急速に進んでおり、学校教育現場でのマネジメント的発想、マネジメント的議論、マネジメント的業務遂行が一層前進することでしょう。

　また、子供の体力向上のためのマネジメント研修も新たにスタートし、従来の実技中心の研修や授業づくり中心の研修から、学校全体で取り組むためのマネジメントの必要性が急速に高まってきているのです。

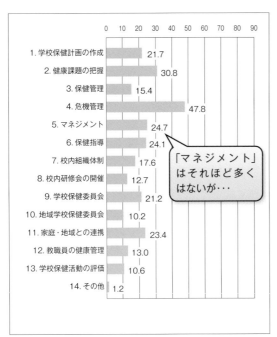

図1　研修で行ってほしい内容

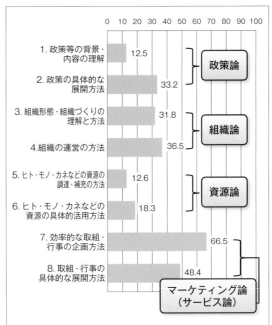

図2　資質能力の向上で期待する事項

参 考 文 献

＜第１章＞

- 伊丹敬之，加護野忠男（1991）ゼミナール経営学入門．日本経済新聞社．
- 宇土正彦（1970）現代保健体育学大系５体育管理学．大修館書店．
- 加賀谷淳子（2008）ここまで危ない！子どもの体力―提言「子どもを元気にするための運動・スポーツ推進体制の整備」．体育科教育．56（11）：14-18．
- 近藤隆雄（1999a）サービス・マーケティング－サービス商品の開発と顧客価値の創造－．生産性出版．
- 近藤隆雄（1999b）サービスマネジメント入門－物づくりから価値づくりへの移行－．生産性出版．
- フィリップ・コトラー（1994）コトラー マーケティング・マネジメント第４版－競争的戦略時代の発想と展開－．村田昭治 監修．プレジデント社．
- 山下秋二，中西純司，畑攻，冨田幸博 編（2006）スポーツ経営学 改訂版．大修館書店．
- Bonnei L. Parkhouse（1991）The Management of Sport, Its Foundation and Application. Mosby-Year Book, Inc.

＜第２章＞

- 青井和夫，綿貫譲治，大橋幸（1962）集団・組織・リーダーシップ（今日の社会心理学３）．培風館．
- 伊丹敬之，加護野忠男（1991）ゼミナール経営学入門．日本経済新聞社．
- 岩崎夏海（2009）もし高校野球の女子マネージャーがドラッカーの『マネジメント』を読んだら．ダイヤモンド社．
- 小野里真弓（2000）ゴルフレッスンにおけるプロダクトの構造と機能に関する研究．日本女子体育大学大学院 平成11年度修士論文．
- 小野里真弓，谷口英規，畑攻，八丁茉莉佳（2017）大学野球部の組織マネジメントに関する基礎的研究：基本的な組織機能に着目して．日本女子体育大学紀要，第47巻．
- 金井壽宏（2004）経営組織（日経文庫 経営学入門シリーズ）．日本経済新聞社．
- 近藤隆雄（1999a）サービス・マーケティング－サービス商品の開発と顧客価値の創造－．生産性出版．
- 近藤隆雄（1999b）サービスマネジメント入門－物づくりから価値づくりへの移行－．生産性出版．
- 高梨智弘（1998）ビジュアル マネジメントの基本．日本経済新聞社．
- 広瀬一郎（1994）プロのためのスポーツマーケティング．電通．
- フィリップ・コトラー（2007）コトラーのマーケティング・マネジメント ミレニアム版（第10版）．恩蔵直人 監修．ピアソン・エデュケーション．
- フィリップ・コトラー（1996）コトラー マーケティング・マネジメント（第７版）－持続的成長と開発の戦略展開－．村田昭治 監修．プレジデント社．
- フィリップ・コトラー，ゲイリー・アームストロング（1995）新版 マーケティング原理．和田充夫，青井倫一 訳．ダイヤモンド社．
- 洞口治夫，行本勢基（2012）入門 経営学－はじめて学ぶ人のために－第２版．同友館．
- 三隅二不二（1984）リーダーシップ行動の科学．有斐閣．
- 山下秋二，中西純司，畑 攻，冨田幸博 編（2006）スポーツ経営学 改訂版．大修館書店．
- 山下秋二，原田宗彦 編著（2005）図解 スポーツマネジメント．大修館書店．
- P. F. ドラッカー（2006）経営者の条件．上田惇生訳．ダイヤモンド社．
- P. F. ドラッカー（2006）現代の経営．上田惇生訳．ダイヤモンド社．
- P. F. ドラッカー（2007）創造する経営者．上田惇生訳．ダイヤモンド社．
- P. F. ドラッカー（2007）非営利組織の経営．上田惇生訳．ダイヤモンド社．

- P. F. ドラッカー（2008）マネジメント．上田惇生訳．ダイヤモンド社．
- P. ハーシー，K. H. ブランチャード（1978）行動科学の展開－人的資源の活用－．山本成二 他訳．日本生産性本部．

<第3章>

- 池田瑠里（2004）競技スポーツ集団に関する組織論的研究．平成16年度日本女子体育大学大学院修士論文．
- 小野里真弓，畑攻，齋藤隆志（2004）プロスポーツにおける観戦者のロイヤルティに関する研究－Ｊリーグとプロ野球の場合の比較分析を通して－．日本女子体育大学紀要，第34巻．
- 神谷拓（2016）運動部活動の教育学入門——歴史とのダイアローグ．大修館書店．
- 近藤隆雄（1999a）サービス・マーケティング－サービス商品の開発と顧客価値の創造－．生産性出版．
- 近藤隆雄（1999b）サービスマネジメント入門－物づくりから価値づくりへの移行－．生産性出版．
- 清水紀宏（2001）スポーツ生活とスポーツ経営体に関する基礎的考察：スポーツ生活経営論序説．体育・スポーツ経営学研究，16（1）：13-27．
- 成民鐸（1998）中国大学生のスポーツ及びライフスタイルに関する調査研究－北京・上海・太原の３地区の大学生の分析から－．日本女子体育大学大学院平成９年度修士論文．
- 高橋健夫ほか 編著（2014）基礎から学ぶスポーツリテラシー．大修館書店．
- 千葉県総合スポーツセンター　<http://www.cue-net.or.jp/kouen/sportscenter/index.html>
- 土屋誠美（2002）プロ野球における観戦者のロイヤルティの関する研究．日本女子体育大学大学院平成13年度修士論文．
- 東京オリンピック競技大会・東京パラリンピック競技大会推進本部（2016）beyond2020プログラム．
- 友添 秀則（2016）運動部活動の理論と実践．大修館書店．
- 内閣府（2012）「新しい公共」に関する取組みについて．
- 日本体育協会（2015）公認スポーツ指導者養成テキスト共通科目Ⅲ．
- 畑攻，小野里真弓（2006）観戦者の好みのスポーツによるスペクテータースポーツのマーケットセグメンテーション．日本女子体育大学紀要，第36巻．
- 畑攻，柴田雅貴，塚本正仁，杉山歌奈子（1993）チームスポーツ系運動部におけるコーチのリーダーシップに関する基礎的研究．日本女子体育大学紀要，第34巻．
- 原田宗彦（2000）Ｊリーグにおけるコアファンとフリンジファンに関する研究．日本スポーツ産業学会第９回大会号．
- 原田 宗彦，小笠原 悦子 編著（2008）スポーツマネジメント．大修館書店．
- フィリップ・コトラー（2007）コトラーのマーケティング・マネジメント ミレニアム版（第10版）．恩蔵直人 監修．ピアソン・エデュケーション．
- 藤原雅文（1980）競技的運動クラブのマネジメント．日本体育学会第31大会号．
- 藤原雅文（1981）競技的運動クラブのマネジメント第２報．日本体育学会第32大会号．
- 松岡宏高（2000）スペクテーターサービスの消費者行動－スポーツチームに対する心理的コミットメントの影響－．日本スポーツ産業学会第９回大会号．
- 松岡宏高（2010）スポーツマネジメントの概念の再検討．スポーツマネジメント研究，2（1）：33-45．
- 水上雅子，畑攻，小野里真弓，八丁茉莉佳，木戸直美（2015）女子体育大生のウエアとスポーツ行動に関する研究．日本体育学会第66回大会号．
- 水上雅子，畑攻，木戸直美，八丁茉莉佳（2013）女子体育大生のこだわりウェアに関する研究．日本体育学会第64回大会号．
- 水上雅子，畑攻，木戸直美，八丁茉莉佳（2014）女子体育大生の食とスポーツに関する研究．日本体育学会第65回大会号．
- 水上雅子，畑攻，田川絵梨（2010）女子大生におけるスポーツスタイルとおやつに関する分析と考察．日本体育学会第61回大会号．
- 水上雅子，畑攻，田川絵梨，林園子（2011）女子体育大生における食生活，生活満足度及びスポーツ行動に関する基礎的研究．日本体育学会第62回大会号．
- 水上雅子，畑攻，前田佳奈，林園子（2009）女子体育大生におけるスポーツスタイルとライフスタイル．日本体育学会第60回大会号．
- 水上雅子，畑攻，八丁茉莉佳，木戸直美（2016）女子大学生の輝きとスポーツ行動に関する研究．日本体育学会第67回

大会号.
・三隅二不二（1978）リーダーシップ行動の科学．有斐閣．
・文部科学省（2016）平成27年度総合型地域スポーツクラブ育成状況調査．
・八代 勉，中村平 編著（2002）体育・スポーツ経営学講義．大修館書店．
・柳沢和雄，清水紀宏，中西純司 編著（2017）よくわかるスポーツマネジメント．ミネルヴァ書房．
・山下秋二，中西純司，畑 攻，冨田幸博 編（2006）スポーツ経営学 改訂版．大修館書店．
・山下秋二，原田宗彦 編著（2005）図解 スポーツマネジメント．大修館書店．
・山下秋二，中西純司，松岡宏高 編著（2017）図とイラストで学ぶ新しいスポーツマネジメント．大修館書店．
・Chelladurai, P.（1988）Leadership in sports. International Journal of Sports Psychology 21.
・Kotler, P.（2000）Marketing management, The millennium edition. New Jersey：Prentice-Hall, Inc.
・M. チクセントミハイ（1996）フロー体験 喜びの現象学．今村浩明 訳．世界思想社．
・Maslow, A. H.（1943）A Theory of Human Motivation. Psychological Review 50.
・Mullin, B. J., Hardy, S., and Sutton, W. A.（2000）Sport marketing.（2nd ed.）：Human Kinetics.
・P. F. ドラッカー（2000）非営利組織の成果重視マネジメント．田中弥生 監訳．ダイヤモンド社．
・P. ハーシー，K. H. ブランチャード（1978）行動科学の展開－人的資源の活用－．山本成二 他訳．日本生産性本部．

＜第４章＞

・伊藤宏（1992）陸上競技の発育・発達．日本陸上競技連盟編，陸上競技指導教本 基礎理論編．大修館書店．pp.52-72.
・今関豊一（2004）保健体育教師の成長―実践健康教育士の立場から―．保健の科学，第46巻：pp346-350.
・今関豊一 編著（2009）体育科・保健体育科の指導と評価．ぎょうせい，p3.
・岩田靖（1994）教材づくりの意義と方法．高橋健夫 編，体育の授業を創る．大修館書店，pp.26-34.
・小野里真弓，畑攻，池田瑠里（2006）フィットネスサービスのコンセプトとプロダクト構造及び機能．日本女子体育大学紀要，第36巻：11－20.
・教員研修センター（2007）学校組織を強化するプロセスマネジメント研修．
・小島弘道 編著（2016）教師の条件―改訂版：授業と学校をつくる力．学文社．
・小山さなえ，畑攻，小野里真弓（2011）大学が提供する地域交流講座のマネジメント．日本女子体育大学紀要41巻.
・佐伯年詩雄（2006）これからの体育を学ぶ人のために．世界思想社．
・佐分利育代（2013）特別支援教育での表現・ダンスの指導．女子体育Vol.55-8・9，日本女子体育連盟，pp.23-25.
・社史編纂室（2017）集英社90年の歴史．集英社．
・女性活躍が新ビジネスを生む．月刊事業構想，2016年５月号．事業構想大学院大学出版部
・スポーツ庁．体力・運動能力調査．
・高橋健夫（1994）よい体育授業の条件．高橋健夫 ほか編，新版体育科教育学入門．大修館書店，pp. 48-53.
・友添秀則（2015）学校カリキュラムにおける体育領域の位置と役割．岡出美則，友添秀則，松田恵示，近藤智靖 編著，新版体育科教育学の現在．創文企画．
・中村恭子（2015）発達段階の特徴を踏まえた指導のポイント．全国ダンス・表現運動授業研究会 編，みんなでトライ！表現運動の授業．大修館書店，pp.146-147.
・日本学術会議（2008）提言 子どもを元気にするための運動・スポーツ推進体制の整備．<http://www.scj.go.jp/ja/info/kohyo/pdf/kohyo-20-t62-10.pdf>（2017. 2. 13 参照）
・日本スポーツ少年団（2009）スポーツ少年団の将来像．
・日本体育協会（2015）日本体育協会における地域スポーツの推進に関する取組．
・日本体育協会日本スポーツ少年団（2013）スポーツ少年団50年史．
・日本体育協会日本スポーツ少年団（2016）スポーツ少年団とは．
・畑攻，牧川優，渡辺慶子（1995）スポーツクラブの初期利用評価とマネジメント．日本女子体育大学紀要，第25巻.
・原田宗彦 編著（2014）スポーツ産業論 第５版．杏林書院．
・フィリップ・コトラー（1996）コトラー マーケティング・マネジメント（第７版）－持続的成長と開発の戦略展開－．村田昭治 監修．プレジデント社．

- 藤田雅文（2002）学校週5日制時代の体育・スポーツ経営．八代勉・中村平 編著，体育・スポーツ経営学講義．大修館書店．
- 松本千代栄（2008）松本千代栄撰集1 舞踊論叢．明治図書，pp.200-202.
- 水上雅子，畑攻，八丁茉莉佳，木戸直美（2014）女子体育大学生の食とスポーツ行動に関する研究．日本体育学会第65回大会口頭発表資料．
- 村木征人（1992）トレーニングの科学．日本陸上競技連盟編，陸上競技指導教本 基礎理論編．大修館書店．pp.105-126.
- 本村清人（2016）「知・徳・体」を育む学校体育・スポーツの力．大修館書店．
- 文部科学省（2008）中学校学習指導要領解説 保健体育編．東山書房．
- 文部科学省（2010）保健主事のための実務ハンドブック．
- 文部科学省（2012）子どもの体力向上のための取組ハンドブック．
- 文部科学省（2016）体育・保健体育，健康，安全ワーキンググループにおける審議の取りまとめ．<http://www.mext.go.jp/b_menu/shingi/chukyo/chukyo3/072/sonota/__icsFiles/afieldfile/2016/09/12/1377059_1.pdf>（2017. 2. 13 参照）
- 文部科学省（2017）小・中学校学習指導要領等の改訂のポイント．幼稚園教育要領，pp.1-2.
- 山下秋二，中西純司，畑攻，冨田幸博 編（2006）スポーツ経営学 改訂版．大修館書店．
- 山本久義（1996）実践マーケティング管理論．泉文堂．

［マンガ資料］
- あだち充（1981年-1986年）タッチ．週刊少年サンデー．小学館．
- 井上雄彦（1991年-1996年）スラムダンク．週刊少年ジャンプ．集英社．
- 浦沢直樹（1986年-1993年）YAWARA．ビックコミックスピリッツ．小学館．
- 尾田栄一郎（1997年-）ONE PIECE．週刊少年ジャンプ．集英社．
- 梶原一騎 作，川崎のぼる 画（1966年-1971年）巨人の星．週刊少年マガジン．講談社．
- 梶原一騎 作，園田光慶 画（1970年-1971年）熱き血のイレブン．週刊少年キング．少年画報社．
- 梶原一騎 作，ちばてつや 画（1967年-1973年）あしたのジョー．週刊少年マガジン．講談社．
- 梶原一騎 作，辻なおき 画（1967-1969年）タイガーマスク．ぼくら．講談社．
- 梶原一騎 作，辻なおき 画（1969年-1971年）タイガーマスク．週刊ぼくらマガジン．講談社．
- 梶原一騎 作，辻なおき 画（1971年）タイガーマスク．週刊少年マガジン．講談社．
- 梶原一騎 作，つのだじろう，影丸譲也 画（1971年-1977年）空手バカ一代．週刊少年マガジン．講談社．
- 門脇正法 作，大武ユキエ 画（2008年）李忠成物語．スーパージャンプα．集英社．
- 門脇正法 作，宮城シンジ 画（2004年）野村忠宏物語—五輪3連覇への挑戦—．週刊ヤングジャンプ．集英社．
- 門脇正法 作，森永茉裕 画（2004年）女神たちのスティック—女子ホッケー日本代表物語—．ビジネスジャンプ．集英社．
- 門脇正法 作，柳田東一郎 画（2000年）好敵手—室伏広治物語—．週刊少年ジャンプ．集英社．
- 門脇正法 作，やぶの武士 画（2000年）世界再戦—松坂大輔物語—．週刊少年ジャンプ．集英社．
- 車田正美（1977年-1982年）リングにかけろ．週刊少年ジャンプ．集英社．
- 高橋陽一（2001年-2004年）キャプテン翼 ROAD to 2002．週刊ヤングジャンプ．集英社．
- ちばあきお（1972年-1977年）キャプテン．月刊少年ジャンプ．集英社．
- 寺田ヒロオ（1959年-1963年）スポーツマン金太郎．週刊少年サンデー．小学館．
- 寺田ヒロオ（1962年-1963年）スポーツマン金太郎．小学三年生．小学館．
- 寺田ヒロオ（1966年-1967年）スポーツマン金太郎．小学五年生．小学館．
- 寺田ヒロオ（1967年-1968年）スポーツマン金太郎．小学六年生．小学館．
- 寺田ヒロオ（1969年）スポーツマン金太郎．小学一年生．小学館．
- 寺田ヒロオ（1969年-1970年）スポーツマン金太郎．小学二年生．小学館．
- 遠崎史郎 作，中島徳博 画（1971年-1974年）アストロ球団．週刊少年ジャンプ．集英社．
- 福本和也 作，一峰大二 画（1963年-1967年）黒い秘密兵器．週刊少年マガジン．講談社．
- 藤巻忠俊（2008年-2014年）黒子のバスケ．週刊少年ジャンプ．集英社．
- 古舘春一（2012年-2020年）ハイキュー‼．週刊少年ジャンプ．集英社．

・水島新司（1972年-1980年）ドガベン．週刊少年チャンピオン秋田書店．

・水島新司（1995年-2005年）ドカベン プロ野球編．週刊少年チャンピオン．秋田書店．

・森川ジョージ（1989年-）はじめの一歩．週刊少年マガジン．講談社．

・渡辺航（2006年-）弱虫ペダル．週刊少年チャンピオン．秋田書店．

<編著者>

畑　　　攻（日本女子体育大学名誉教授）　　　　第1章-1、第1章-2、第2章-5、コラム
小野里真弓（尚美学園大学）　　　　　　　　　　第2章-2、第2章-3、第2章-4、
　　　　　　　　　　　　　　　　　　　　　　　第3章-1、第4章-2-①

<執筆者>

八丁茉莉佳（株式会社日新ウエルネス）　　　　　第2章-1、第3章-3
田原　陽介（青山学院大学）　　　　　　　　　　第3章-2-①、第3章-2-②
馬場　宏輝（帝京平成大学）　　　　　　　　　　第3章-2-③、第3章-5
水上　雅子（杉野服飾大学短期大学部）　　　　　第3章-4
吉田　孝久（日本女子体育大学）　　　　　　　　第4章-1-①
江向真理子（埼玉県鶴ヶ島市スポーツ少年団）　　第4章-1-②
髙野美和子（日本女子体育大学）　　　　　　　　第4章-1-③
小山さなえ（山梨学院大学）　　　　　　　　　　第4章-2-②
門脇　正法（マンガ原作家＆スポーツライター）　第4章-2-③
今関　豊一（日本体育大学）　　　　　　　　　　第4章-3-①
須甲　理生（日本女子体育大学）　　　　　　　　第4章-3-②
髙橋　伸明（福島県会津自然の家）　　　　　　　第4章-3-③
関根　正敏（中央大学）　　　　　　　　　　　　第4章-3-④

（執筆順）

基本・スポーツマネジメント
©Osamu Hata & Mayumi Onozato, 2017　　　　　NDC330／vii, 126p／26cm

初版第 1 刷 ———— 2017年11月 1 日
　第 2 刷 ———— 2020年10月 1 日

著者 ———————— 畑攻・小野里真弓
発行者 ——————— 鈴木一行
発行所 ——————— 株式会社 大修館書店
　　　　　　　　　〒113-8541 東京都文京区湯島2-1-1
　　　　　　　　　電話03-3868-2651（販売部）　03-3868-2297（編集部）
　　　　　　　　　振替00190-7-40504
　　　　　　　　　[出版情報]https://www.taishukan.co.jp

装丁者 ——————— CCK
本文デザイン ——— CCK
印刷所 ——————— 広研印刷
製本所 ——————— ブロケード

ISBN978-4-469-26832-4　　Printed in Japan
Ⓡ本書のコピー、スキャン、デジタル化等の無断複製は著作権法上での例外を除き禁
じられています。本書を代行業者等の第三者に依頼してスキャンやデジタル化するこ
とは、たとえ個人や家庭内での利用であっても著作権法上認められておりません。